Leben um jeden Preis

Lydia Sparber-Messner

MIt freundlicher Unterstützung von:

kulturkreis villnöss

Danke an:

Fa. Ladurner Grub – Dorf Tirol

Fa. Bernardi Dieter – St. Ulrich

Fa. Gasser Bäckerei – Lüsen

Pizzeria Viel Nois, Messner Franz – Villnöss

Fa. Maler Messner, Messner Hansjörg – Villnöss

Fa. HeWo Line, Unterleitner Kathi – Villnöss

Impressum:

2010
© Verlag A.Weger, Brixen
www.weger.net / info@weger.net
Gesamtherstellung: Druckerei A. Weger, Brixen

ISBN: 978-88-88910-90-1

Leben um jeden Preis

LYDIA SPARBER-MESSNER

Verlag A. Weger

Vorworte

„Leben um jeden Preis“ ist ein Buch, das in mir viele Erinnerungen wachgerufen hat. Erinnerungen an jene Augenblicke, in denen eine Welt zusammenbrach, aber auch Erinnerungen an eine grenzenlose Hoffnung und Zuversicht, dass alles wieder gut wird.

Lydia Sparber-Messner hat die Geschichte ihrer Tochter Lara niedergeschrieben und damit ein Dokument unendlicher Liebe zu ihrem kranken Kind geschaffen. Es ist die Geschichte einer starken Mutter, geschrieben für alle anderen starken Mütter dieser Welt.

Veronika Stirner Brantsch

Gründungspräsidentin der Vereinigung für krebskranke Kinder „Peter Pan“

Uns plagen zwar die Alltagssorgen, aber dennoch geht es den meisten von uns gut. Aber nicht allen. Gar einige müssen kämpfen, kämpfen um zu überleben. Auch Lara war dabei. In der Klinik / im Krankenhaus wird zwar die Krankheit behandelt, aber nur Mutter und Vater können Trost und Freude bringen. Sehnsüchtig und voller Hoffnung werden sie von den Kindern mit dieser furchtbaren Krankheit tagaus und tagein erwartet.

- Es gibt viele kleine, schwache Hände zu halten,
- es gibt viele kleine Äuglein voller Tränen zu trocknen,
- es gibt viele kleine, schwache Körper, die liebevoll festgehalten werden wollen,
- es gibt viele verzweifelte Eltern, die auf Hilfe warten, auf unsere Hilfe.

Martina Komar, Melitta Salcher, Josef Larcher

Vorstand der Kinderkrebshilfe Südtirol „Regenbogen“

Inhaltsverzeichnis

Dieses Buch widme ich einer lieben Frau, die am 18.11.2007 an Krebs verstorben ist. Ihr Kind starb Jahre zuvor an einem Tumor. Seitdem setzte sie sich sehr für die Belange krebskranker Kinder ein. Sie holte meine Tochter Lara oft ab, spielte mit ihr, verwöhnte sie und verschönerte ihr das Leben. Sie war für Lara wie eine zweite Mutter.

Danke, Lydia Cardoni geb. Tötsch

Außerdem widme ich dieses Buch all den Kindern, die an Krebs erkranken und mutig kämpfen. Ich trage sie in meinem Herzen und bin mit ihnen verbunden.

Du sollst nicht niemals Schmerz verspüren, du sollst nicht niemals traurig sein, aber du sollst immer wissen, dass Gott dir nahe ist.

Für Lara
Jeder der Dich nicht erlebt,
Dein Lächeln nicht sieht,
Deine Herzlichkeit nicht spürt,
versäumt Momente – die Kraft zum Leben geben.

In Liebe Deine Mama

Ich habe immer gesagt, „ich könnte ein Buch schreiben, so viel habe ich mit meiner Tochter erlebt" …, und nun schreibe ich es. Auch wenn ich das Buch vor zwei oder drei Jahren anders geschrieben hätte – denn meine Gefühle waren von vielen Aufs' und Abs' geprägt – so schreibe ich es heute einfach so, so wie es für mich war …

Meine beste Freundin Veronika gab mir ein Tagebuch mit auf den Weg und dieses Tagebuch beginne ich nun zu schreiben. Ich will meine Erlebnisse wiedergeben, wie sie sich zugetragen haben. Es soll ein Buch sein für betroffene Mammis, deren Kinder wie meine Tochter an Krebs erkrankt sind, aber auch ein Buch für Mütter, deren Kinder sich bester Gesundheit erfreuen. Es soll zeigen, dass es sich lohnt, zu kämpfen, und betroffenen Müttern Mut machen. Für alle anderen kann das Buch Anregung sein, das Glück, ein gesundes Kind zu haben, mehr zu schätzen, und auch über Kleinigkeiten, die das Leben immer wieder mit sich bringt, öfter hinwegzusehen. Ich schreibe dieses Buch in der Gegenwart, weil es in meinem Kopf noch so präsent ist, als wäre es heute.

Diagnose Hirntumor Teil 1

„Lydia, du musst sofort kommen, Lara hat erbrochen, sie klagt über Kopfschmerzen und liegt ganz armselig in der Kuschelecke und schläft." Die Kindergartentante ruft mich an. Sofort laufe ich von der Arbeit weg, zu Lara. Sie schläft auf rosa Kissen, ihr Kuscheltier, das sie immer in den Kindergarten begleitet, im Arm, sie ist bedeckt mit Tüll, weißem Tüll. Laras Gesicht ist beinahe gleich weiß. Ich trage das schlafende Kind in mein Auto und fahre nach Hause. Eine Stunde später wacht Lara auf und hat mächtigen Hunger. Eine ganze Portion Nudeln verschlingt sie, dazu trinkt die Holunderblütensaft. Kein Erbrechen mehr, keine Übelkeit. Kopfschüttelnd sehe ich zu, wie es Lara gut geht und wie sie sich freut, als Mike, ihr Bruder, von der Schule heimkommt. Sie stiehlt ihm zudem ein paar Nudeln von seinem Mittagessen, nachher spielen die zwei mit den Legoklötzchen.
Die nächsten Tage geht Lara wieder in den Kindergarten und wir lassen diesen unerklärlichen Vorfall auf sich beruhen. Doch nun wieder ein Anruf ... circa fünf Tage später; wieder hole ich mein Kind ab und zu Hause verschlingt sie zwei Stück „Panettone".
Nun gehe ich trotzdem zum Arzt. Leider ist mein Hausarzt in Urlaub und die Aushilfe drückt mir eine Packung Magenschutz in die Hand mit den Worten: „Magengrippe, sehen wir uns nächste Woche wieder." Lara geht wieder in den Kindergarten, sie ist vielleicht etwas blass, aber ansonsten fühlt sie sich wohl. Sie ist fröhlich wie immer und liebt ihren Kindergarten. Deshalb besteht sie darauf, dass sie gehen darf.

Eine Woche später wieder ein Anruf aus dem Kindergarten. Diesmal klagt Lara verstärkt über Kopfschmerzen, und wissend, dass der Hausarzt von seinem Urlaub zurück ist, fahre ich mit Lara direkt dort hin. Nach gründlicher Untersuchung kann der Arzt nichts Organisches finden. Er wusste, dass ich seit einem Jahr geschieden war, und machte mich auf psychische Probleme aufmerksam. Na ja, so ist es eben als allein erziehende Mutter ist man an den

Folgen einer Trennung auch noch schuld ... aber Lara sieht ihren Vater Daniel sehr oft, jedes zweite Wochenende verbringen die Kinder bei ihm. Wir haben uns im „Guten“ getrennt. Wir haben uns zu wenig geliebt, um den Alltag gemeinsam zu tragen. Gewiss wussten wir, dass es für die Kinder nicht so leicht wird, aber dass Lara deshalb krank wird, oder gar psychisch gestört? Mir kommt vor, Lara geht es sehr gut mit ihrer neuen Lebenssituation. Sie ist immer fröhlich, singt und spielt gerne und den Kindergarten genießt sie in vollen Zügen. Sehr betroffen gehe ich nach Hause und versuche, Lara intensiv zu beobachten, ob sie Auffälligkeiten zeigt. Ich behalte sie zu Hause und verspreche ihr, dass sie am Unsinnigen Donnerstag wieder in den Kindergarten darf. Das rosarote Prinzessinenkleid, das ihr eine Freundin geliehen hat, hängt an der Garderobe bereit. Lara ist sehr lebhaft und ganz normal, so denke ich, dass wir am Sonntag Schifahren gehen könnten. Mike kann es schon recht gut und Lara hat in diesem Jahr mit dem Schifahren angefangen. Sie kann schon ganz alleine „Schneepflug“ fahren und ist sehr stolz auf ihr Können.

Nach dem Mittagessen schläft Lara auf einer Bank ein. Ihre Müdigkeit wundert mich diese letzte Woche schon etwas, aber sie ist ja auch ständig in Bewegung und nun die Aufregung vor Fasching. Auf der Heimfahrt muss Lara plötzlich brechen, sie ist total fertig, ich muss sie schlafend in ihr Bett tragen. War wohl doch zu anstrengend, die Fahrt, denke ich. Etwas später wacht Lara auf und erbricht sich erneut, sie schafft es nicht mehr bis zur Toilette, denn sie fällt gleich, als sie loslaufen will, hin. Ich will ihr aufhelfen, aber sie kann nicht mehr stehen. Ich laufe zum Telefon und rufe um 10.00 Uhr nachts noch den Arzt an, der sie von Geburt auf kennt. Den besten Kinderarzt, den ich kenne, er fällt mir spontan ein. Nachdem ich ihm Laras Symptome schildere, sagt er mir: „Morgen gleich Blutdruck messen, eine Augenvisite machen und wenn da nichts Auffälliges herauskommt, dann ein MRI machen lassen.“ Weiß der Teufel, was das ist. Ich rufe nun noch Daniel an und sage ihm, dass ich morgen mit Lara ins Krankenhaus gehe und frage ob er nachkommen möchte. „Gut“, sagt er, „Sehen wir uns morgen.“

Auf der Pädiatrie in Bozen angekommen, lässt man Lara zuerst einen Filzstift auf- und zumachen. Dann geht es los. Die Ärzte sehen, dass Lara bei dieser einfachen Aufgabe gezittert hat, und haben einen Verdacht. Ich rufe Laras Vater an: „Du musst kommen, die machen sich da besonders wichtig." EEG, EKG, Ultraschall und schließlich MRI, die Ärztin erklärte mir, das braucht es alles, um herauszufinden, was Lara fehlt. Um 17.00 Uhr ist Besprechung, sagt die Ärztin. Lara wird immer wieder zu den verschiedenen Visiten abgeholt. In den Zwischenpausen singt sie ständig das Lied vom kleinen Waschbären, der sich nicht waschen will und die Mutter damit ärgert. Alle vier Strophen kann sie auswendig und ich singe mit. Ich denke mir nichts Schlimmes und bin nicht beunruhigt, als uns meine Mutter um 17.00 Uhr ablöst und Daniel und ich den Flur entlang zum Ärztezimmer gehen. Daniel sagt: „Dieser Gang gefällt mir nicht …"
Im Ärztezimmer angekommen bietet man uns Stühle an, und der Arzt beginnt zu sprechen. „Wir müssen Ihnen leider sagen, dass Lara einen Hirntumor hat, aber man kann ihn operieren." „WAS?" Ich schreie laut in den Raum, „das gibt es nicht, nicht Lara!" Mir reißt es sprichwörtlich den Boden unter den Füssen weg, ich falle in ein Loch. Man versucht mich zu beruhigen, aber immer lauter schreie ich. „Das kann doch nicht sein!! Sie haben sich sicher getäuscht!" Auch Daniel weiß nicht mehr, ob er stehen oder sitzen, schreien oder schlagen soll. Man bringt uns Beruhigungstabletten, die wir einfach schlucken. Wir setzen uns wieder hin und betrachten die Röntgenbilder vom MRI. Deutlich kann man einen Schatten im Kopf erkennen, das ist der Tumor, ungefähr 6 cm groß, im vierten Ventrikel. Lara muss deshalb so oft erbrechen, weil der Tumor wächst und auf die Gehirnflüssigkeit drückt.
„Man kann operieren", versichern uns die Ärzte immer wieder, „wir müssen uns nur entscheiden, ob in Bologna oder in Innsbruck. Da Lara noch so klein ist und noch kein Italienisch kann, kommt uns Innsbruck besser vor. „Innsbruck", sagen wir, und so ist das entschieden. Am nächsten Tag ist schon die Fahrt, und am Montag die Operation.

Wir verlassen das Ärztezimmer und gehen zu unserer Tochter. Sie schläft. Mama hält sie im Arm. Lara hat noch einmal erbrochen und ist dann erschöpft eingeschlafen. Wir können beide nicht sprechen, wir weinen. Wir schauen unser Mädchen an: hat sie denn nicht schon genug mitgemacht? Sie ist mit einer Spalte geboren worden. Sie ist in Salzburg operiert worden, das war schon schlimm genug. Lara hat auch nur ein Ohr, aber das war weder für sie noch für uns ein Problem, denn ihre wunderschönen blonden langen Haare verdecken diese kleine Missbildung. Laras Geburt war ein Schock, von dem wir uns aber innerhalb eines Tages erholten. Wir wussten, dass die Spalte operativ geschlossen werden kann, und man danach nichts mehr davon sieht, und so war es dann auch. An Laras „Hasenscharte", wie die Spalte im Volksmund genannt wird, erinnert nur mehr eine kleine Narbe unterhalb der Nase. Laras fehlendes Ohr machte ihr und uns nie etwas aus. Anderen Menschen fehlen vielleicht Finger, ihr halt ein Ohr. Lara kennt sich nicht anders, und wenn sie mich nach dem Grund gefragt hat, sagte ich immer: „Vielleicht hat der liebe Gott in seiner Schublade nur mehr ein Ohr gehabt, aber dafür wunderschöne Haare!" Die hat Lara wirklich und trägt sie am liebsten zu zwei Zöpfen geflochten. Es macht ihr nichts aus, wenn man dabei sieht, dass ihr ein Ohr fehlt, damit kann sie gut leben.
Aber nun das … Krebs oder Tumor, ist das eigentlich ein Unterschied? Noch nie musste ich mich mit diesem Thema auseinandersetzen. Wird sie sterben? Sofort? Tausende Fragen in meinem Kopf lassen mich nicht los. Ich rufe Daniels Eltern an, dass sie ihren Sohn abholen sollen, ich möchte nicht, dass er selbst mit dem Auto nach Hause fährt. Meine Mutter bleibt heute Nacht bei mir im Krankenhaus. Und mein Sohn? Mike – Laras Bruder! Wo soll er in den nächsten Tagen bleiben …? Ich hänge fast die ganze Nacht am Telefon, bis meine geröteten Augen nichts mehr sehen, ich falle neben Lara ins Bett.

08.00 Uhr: du liegst schon auf dem Krankenbett, auf der dich der Sanitäter gelegt hat. Noch einige Unterschriften, und schon sitzen wir im Rettungswagen, der uns nach Innsbruck bringen wird. Dieser Stress, diese Hektik, auf einmal geht alles so schnell … kann man so schnell sterben? Warum haben es alle plötzlich so eilig mit Lara? Der nette Rettungsmann schnallt Lara an und legt ihr die dreifarbige Kuschelkatze auf den Bauch. „Die bringt dir Glück, denn dreifarbige Katzen bringen Glück." So wird uns also diese Katze von nun an immer begleiten.

Innsbruck

Wir werden direkt auf die Kinderonkologie gebracht. Im Flur alles bunte Bilder, Kinderbasteleien für Fasching, und Kinder mit „Glatzköpfen". Sie sitzen am Tisch mit ihren Müttern, oder sind in der Küche. Jedes Kind schiebt einen Infusionsständer vor sich her und ihre Gesichter sind bleich. Manche werden von ihren Mammis oder Papis getragen, weil sie noch nicht gehen können, weil sie so klein sind. Ja, Babys gibt es auf dieser Station. Größere Kinder sitzen in Rollstühlen, weil sie zu schwach zum Gehen sind. Ich bin geschockt, als ich durch die Station gehe. Doch dann sehe ich auch lachende Kinder mit ihren Mammis und denke mir, wie kann man hier nur lachen? Aber man kann sicher auch nicht ständig weinen?
Ich bin froh, als wir unser Zimmer bekommen und ich von all dem nichts mehr sehen muss. Allerdings sind wir im Zimmer nicht alleine, noch ein Kind ist da mit seiner Mutter. Wir begrüßen uns, und dann kommt, Gott lob, meine Mutter. Daniel ist bei unserem Sohn geblieben und wird sich gemeinsam mit seinen Eltern um ihn kümmern. Am Montag wird Laras Papa gleich kommen, wenn Lara von der OP aufwachen wird, wird er da sein. Bis dahin gibt es nichts zu tun, außer abzuwarten und zu hoffen, dass Lara nicht noch einmal brechen muss. In dem Fall müssten die Ärzte ein Ventil im Kopf legen, damit Gehirnflüssigkeit ablaufen kann und somit der Druck, den der Tumor verursacht, abnimmt. Du bist quicklebendig dieses Wochenende, du willst gar nicht in deinem Zimmer bleiben, mit den Dreirädern fährst du im Flur auf und ab. Du hast

Lara – das 1. Mal in Innsbruck

dir von einer Banane ein Pickerl auf die Stirn geklebt und lachst mich an. Ich sitze an einem großen Tisch und halte die Tränen zurück, ständig schaue ich dich an und denke, was tun wir hier? Was tun wir dir an? In der Hoffnung, dass mich irgendjemand auffängt, kann ich nur noch weinen. Ich weiß doch noch gar nichts – was kommt auf uns zu? Ich kann Lara nichts sagen, als sie mich fragt, was machen wir hier? Ich sage nur, dass in deinem Kopf etwas gewachsen ist, das nicht hineingehört. Die Ärzte müssen untersuchen, was das ist, was dir immer Kopfschmerzen macht und dich erbrechen macht.
Endlich kommt ein Arzt und spricht mit mir. Er beruhigt mich, indem er mir erklärt, dass man den Tumor so schnell als möglich entfernen muss. Noch kann man nicht sagen, ob der Tumor gut- oder bösartig ist, das kann man erst sagen, nachdem man ihn entfernt und untersucht hat. „Die Hoffnung besteht also, welchen Unterschied macht das?" frage ich den Arzt. „Wenn der Tumor gutartig ist, bleibt ihr danach die Chemotherapie erspart." Antwortet er. Endlich kann ich meine Tränen im Zaum halten, da meine Gedanken nur mehr auf – hoffentlich ist er gutartig – fixiert sind. „Aber", sagt der Arzt, „die OP ist nicht ganz ungefährlich. Laras Tumor liegt entlang eines Nervenstranges, man wird natürlich versuchen, den ganzen Tumor zu entfernen, kann dabei aber Schäden anrichten." „Welche?" frage ich sofort. „Im Kleinhirn laufen sämtliche Vorgänge ab, die für die Motorik zuständig sind. Eventuell kann Lara nach der OP nicht mehr gehen oder stehen, auch die Koordination der Handbewegungen kann beeinträchtigt werden. Selbst Schäden beim Sprechen oder Schlucken sind nicht auszuschließen." Alle diese Nerven könnten beschädigt werden? „Habe ich eine andere Wahl?" frage ich den Arzt. „Nein" sagt er, „die haben sie nicht."
Man hat in so einem Moment auch nicht mehr den Verstand, um sich mit etwas anderes zu beschäftigen. Als gäbe es nur die Ärzte, die einem noch helfen können, fast flehend ruft man sie um Hilfe an. Der Arzt verlässt das Besprechungszimmer und wie eine leere Hülle bleibe ich zurück mit tausend Fragen im Kopf. Ich bin froh, dass es irgendwann Abend wird. Laras Energie lässt nach und wir kuscheln uns zusammen ins Bett. Die Station hier in Innsbruck ermöglicht

es Mammis oder Papis, stets ein aufgeklapptes Bett neben dem Bett des Kindes zu haben. Im Moment genieße ich das nur. Erst später verstehe ich den Sinn. Weil die Nächte so kurz und anstrengend sind, dass man auch tagsüber, wenn die Kinder schlafen, selbst auch schlafen muss, sonst würde man es nicht schaffen. Deine Augen schließen sich bald und ganz ruhig schläfst du neben mir. Ich kann den Blick nicht von dir lassen, und immer wieder frage ich mich: warum, warum, warum, warum du ...
Ich kann endlich weinen, muss mich nicht vor dir verstecken, verstellen. Wir sind allein im Zimmer und ich kann ganz laut weinen, ich kann gar nicht mehr aufhören. Ich, die ich sonst mit unserem Herrn im Himmel stets Gespräche führte, kann nicht einmal mehr das. Ich kann und will ihn nicht um Hilfe bitten. Ich weiß, das ist nun das Ende und da will ich nicht um deine Hilfe betteln, Herr. Vielleicht hätte ich Lara schon bei der Geburt gehen lassen sollen. Als du drei Tage lang nach Luft gerungen hast. Man hat dich ständig absaugen müssen, durch deine Spalte hattest du viel Fruchtwasser im Bäuchlein, und das hast du bei der Geburt heraufgespuckt. Nach drei Tagen Gebet hast du mich damals erhört, Herr. Laras Zustand stabilisierte sich und sie trank sogar von meiner Brust – trotz Spalte!

Nun aber lass ich diesen Zustand einfach über mich ergehen – lass einfach geschehen, was geschehen muss und bete nicht. Ich schlafe ein – und nun schickst du, Herr, mir ein Zeichen. Ich habe einen Traum! Ich sehe dich hinter dem Tisch stehen mit deinem Bruder Mike. Beide schießt ihr mir bunte zusammengeknüllte Papierkugeln entgegen. Ich erwidere diesen Spaß und versuche auch euch zu treffen. Geschickt weiß sich Lara zu bücken, wenn ein Schuss von mir kommt. Ich lache und sage: “Schmeißt nur!“ und bin froh, dass Lara so kräftig und gesund ist – und dann wache ich am Morgen auf und wie ein Film sehe ich den Traum. Als hätte ich ihn im Fernseher gesehen. Aber nein, es war ein Traum, ein Zeichen. So weiß ich nun, dass ich mich trauen kann, dich Herrn im Himmel um deine Hilfe zu bitten. Und das tue ich nun auch. Du wirst mir helfen, das weiß ich.

Die Tränen unserer Lara

Es tut mir entsetzlich weh, wenn ich dich wieder weinen sehe. Du wimmerst vor Schmerz „Mammi“, mit keuchender, schwacher Stimme, und wieder kullern dir Tränen über das Gesicht. Ich küsse sie weg, doch mein Herz sieht auch die Tränen, die du nicht weinst. Ich halte deine Hand, man hat sie dir ans Bett gebunden, damit du dir nicht sämtliche Kabel herausreißt. Auch Tatta ist da, wir schauen uns an und denken an den Schmerz, den du jetzt nach der OP haben musst. Man hat dir deinen Tumor entfernt. Den Hinterkopf aufgeschnitten. Schon allein bei dem Gedanken daran wird mir ganz schlecht. Die Ärzte sagen, dass alles gut gegangen ist. Was heißt das? Dass du nach der Operation wieder aufgewacht bist? Sie betrachten den Verlauf der Operation – wir aber sehen unsere Tochter, die nicht mehr dieselbe ist. „Aua, aua, aua“, … und wieder Tränen. Du liegst ja auf deiner Wunde auf – das muss ja schmerzen! Wir sind ja natürlich auch froh, dass du lebst! Jede Operation ist mit großen Risiken verbunden. Ich danke Gott für seinen Willen, du solltest doch noch kein Engel sein. Viele Verwandte und Bekannte beteten für dich zu Hause. Drei Tage lang nimmst du keine Notiz von uns, die wir an deinem Bett stehen. Weder dein Vater noch ich trauen uns, von deinem Bett wegzugehen. Mit geschlossenen Augen rufst du ständig „Mammi, Mammi …“, bei Tag und bei Nacht, es ist wie ein Alptraum, du findest keine Ruhe. Hände und Füße schlägst du wie wild in deinem Bett herum. Wenn wir dich streicheln oder dich anfassen, schimpfst du mit verzerrter Stimme –wir verstehen dich nicht …

Endlich öffnest du deine Augen – keines der beiden kann geradeaus schauen. Wie zwei unruhige Murmeln kullern die Pupillen im Auge herum. Deine rechte Hand krampft. Nun willst du Aufstehen, so plötzlich, aber es geht nicht, dein rechter Fuß kann nicht auftreten, du bist zu kraftlos, um aufzustehen. Weinend gibst du dich mit etwas Aufsitzen zufrieden. Wir reden mit dir, aber deine Augen schauen ins Leere. Du sagst nichts. Du bist ein intelligentes Kind, du wirst merken, dass du weder stehen noch gehen kannst. Aber du fragst nichts …

Dein Vater gibt dir zu verstehen, dass er jetzt nach Hause muss, er hofft, dass du ihn verstehst, er muss zur Arbeit. Hunger? Ja, am Abend hast du nach Schinken verlangt. Ich bringe dir welchen, du versuchst ihn mit deiner rechten Hand zu nehmen, aber der Schinken landet auf deiner Stirn. Die Koordination fehlt. Ich helfe dir – aber schlucken geht. Du kannst essen! Wie froh ich darüber bin, kann sich niemand vorstellen. Ein dankbarer Blick zum Himmel. Dich künstlich ernähren zu müssen, der Gedanke wäre gar nicht erträglich. Ich darf nun deine Hand halten, du stößt mich nicht mehr weg, so traue ich mich, die Gitter auf eine Seite nach unten zu drehen und mein Bett ganz nah an deines zu schieben. Ich darf wieder mit dir ganz nahe kuscheln, nun muss ich weinen, diesmal vor Freude.
Lara schläft ein und ich habe so viele Gedanken … Als ich die Ärzte frage, ob das wieder wird, sagen sie nur: einiges kann sie wieder erlernen, und einige Schäden können bleiben! Mein Kind ist nicht mehr mein Kind! Was hat man dir angetan? Was haben wir dir angetan? Dürfen wir als Eltern solche Entscheidungen treffen, die derart einschneidend sind, dass sie dich so verändern?

Hilfesuchend rufe ich meine Freundin an, von der ich weiß, dass sie jemanden mit Gehirntumor kennt, flüchtig habe ich da mal zugehört, es betrifft einen ja nicht. Und nun … Sie hebt ab und hört mir zu. Ich bin froh, dass ich alle meine Erlebnisse nun endlich mitteilen kann. Sie gibt mir auch die Telefonnummer der betreffenden Mama. Gleich darauf darf ich erste tröstende Worte vernehmen. Sie sagt, das wird wieder, ich soll nicht ganz schwarz sehen, auch ihr Sohn konnte nicht mehr sprechen, stehen, gehen. Kinder lernen so schnell wieder und es zahlt sich aus, mit ihnen zu kämpfen. Denn es wird nicht leicht werden, mit Abstrichen muss man rechnen. Aber die Kinder merken sofort, wenn man als Mama aufgibt, dann geben sie auch auf. Deshalb wünsche sie mir noch viel Kraft, das alles durchzustehen. Mir geht es nach dem Telefongespräch besser, ich weiß, dass ich alles tun werde für Lara. Ich bin bereit, den Weg zu gehen, den sie gehen muss.

Ich schlafe endlich ein, die letzten drei Nächte waren kurz, das ständige Wimmern und Aufschreien. Lara stupst mich an. „Mammi, Mammi, werde ich wieder gehen können, so laufen wie früher?" Ich bin sofort wach und versuche eine Antwort zu finden. „Lara, ich weiß es nicht, aber" , setze ich gleich fort, „wir werden alles tun, damit du das wieder lernst." „Mama, bald ist Ostern, kann ich mein Osternest alleine suchen?" Lara fragt mich, was soll ich antworten? Sie belügen? Lara fordert mich auf, ihre Beine zu berühren, sie spürt sie nicht. Ich habe nun Zugang zu ihr, sie spricht wieder mit mir. Das ist so schön, als wäre Weihnachten zehnmal gleichzeitig. So ein Geschenk kann man kaum bekommen.
Die nächsten Tage bin ich nun beschäftigt, Arme und Beine zu massieren. Die Hand krampft nun nicht mehr, Lara kann sie öffnen, aber sie zittert ganz stark, einen „starken Tremo" nennt man das, sagt man mir. Wie nach einem Schlaganfall, die Nerven wurden bei der Operation beschädigt. Viele Pakete und Glückwunschkarten kommen aus unserem Heimatdorf. Lara genießt das, Gott sei Dank, und freut sich über jeden Plüschbären und über jede bunte Karte aus dem Kindergarten und von ihren Freundinnen. Die Pupillen halten nun still, aber mit einem Auge schielt Lara ganz stark.

Geschafft – nach der 1. OP

Die Schreckensnachricht – Bösartiger Tumor

Sieben Tage lang warten wir schon darauf, was der pathologische Befund ergibt. Ein Teil des entfernten Tumors wird nach Wien zum Überprüfen geschickt. Langes Warten und Bangen. Unsere Hoffnung lässt uns das Warten ertragen. Laras Tatta ruft auch täglich zweimal an und möchte seine unruhigen Gedanken in der Ferne beruhigen. Er sagt, ich bin bei Lara und weiß, wie es ihr geht, aber er ist bei der Arbeit und kann sich nicht konzentrieren. Unseren Sohn Mike haben wir bisher noch nicht eingeweiht. Mit Notlügen – dass Lara viele Untersuchungen habe und man noch nichts Genaueres wisse – halten wir ihn hin. Ich möchte ihm das alles gerne selbst erklären, sobald ich mehr weiß, und wenn ich zu Hause bin. Nicht mit dem Telefon, was im Moment die einzige Verbindung zu Mike ist, nein, das möchte ich nicht. Er geht in die erste Klasse Volksschule und ist nun ganz allein auf sich gestellt. Seine Hausaufgaben muss er von einem Tag auf den anderen plötzlich ganz alleine erledigen. Nach der Schule darf er den Nachmittag bei Freunden verbringen. Viele Muttis haben sich bereit erklärt, ihn aufzunehmen. Sie tauschen sich untereinander aus, meine Dankbarkeit für diese Hilfe kann ich nicht in Worte fassen, sie ist zu groß.

Diese „Handvoll guter Freundinnen" sind zurzeit meine Stütze. Sie versorgen Mike bis zum Abend, wo ihn dann sein Vater abholt, bei dem er auch in seiner Wohnung schläft.

Und jetzt kommt der Doktor! „Wir haben den Befund", mehr sagt er nicht, er möchte, dass der Vater zum Arztgespräch kommt.

Nun sitzen wir beide also neben zwei „Göttern in Weiß", und auch ein Psychologe ist dabei. „Leider", beginnt einer der Ärzte zu sprechen, „müssen wir ihnen mitteilen, dass der Tumor bösartig ist." Stille … ich kann nur mehr weinen. Daniel wird kreidebleich und versucht mich zu trösten. Ich weiß nicht, ob ich in meinem Leben schon einmal so weit unten war. Wie ein Schlag ins Gesicht, der in einem Augenblick alle Hoffnungen zerstört. Nach einiger Zeit kann ich mich wieder fassen, denn die Ärzte haben uns noch viel zu sagen, und ich möchte mich zusammennehmen. Der Tumor war sehr schnellwüchsig, er war 6 cm groß und lag genau im Kleinhirn, im vierten Ventrikel, ein Medulloblastom*. Man hat bei der Operation zum Glück den ganzen Tumor entfernen können. Mit schwachem Geist höre ich alle diese niederschmetternden Sätze. Man will uns gegenüber ehrlich sein. Die Ärzte haben schon ein Protokoll über den geplanten Verlauf der Chemotherapie. Gestützt von Statistiken muss man diesen Feind in Laras Körper abschießen. Achtundzwanzig Wochen dauert der erste Chemotherapieblock, der zu bewältigen ist. Ich rechne schnell und stelle fest, dass es sieben Monate dauern wird, bis die ganze Chemotherapie abgeschlossen sein wird. Ich muss die Ärzte unterbrechen. „Ist das richtig", frage ich nach, „wir müssen sieben Monate im Krankenhaus verbringen? Ich habe ja noch ein Kind, das mich braucht!" „Ja leider ist diese Behandlung mit großen familiären Belastungen verbunden." So sagen das die Ärzte mir. „Belastungen? Das ist ja noch milde ausgedrückt, wie kann ich meinen Sohn sieben Monate lang nicht sehen – das ist unvorstellbar!" Die Ärzte gehen auf dieses Problem nicht ein und sprechen weiter. 16 Chemotherapien sind das – jede Chemo dauert vier Tage, danach muss man einen Tag Bewässerung dazurechnen. (d. h. es wird so lange Flüssigkeit nachgespült, bis ein bestimmter Wert, messbar im Blut, erreicht ist. Die Flüssigkeit ist wichtig, damit die Nieren nicht versagen). Zwischen den einzelnen Chemos darf man nach Hause gehen. Das alles mit einem Abstand von vierzehn Tagen jeweils. „Leider kann es zwischendurch zu unvorhersehbaren Komplikationen oder Fieber kommen. Dann müsste man die Chemo zeitlich verschieben." Die Ärzte erklären uns auch, dass unserer Tochter zuvor noch zwei Leitungen gelegt werden, in die die Chemospritzen verabreicht werden. Ein Schlauch wird dir in den Kopf operiert, vorne dran eine Kapsel. Die wird mit einer Nadel punktiert und die Chemo gelangt so genau in die Gehirnflüssigkeit des vierten Ventrikels, dorthin, wo der Tumor lag. Ein zweiter Zugang (zentraler Katheter) wird dir gelegt. „Hickman" heißt

---

*Tumoren, die aus Gewebe des Zentralnervensystems (ZNS) entstanden sind, werden primäre Hirn-, Rückenmarks- oder zusammenfassen, ZNS-Tumoren genannt. Sie sind mit circa 21% aller bösartigen Neubildungen die häufigsten Tumoren im Kindes- und Jugendalter und, nach den Leukämien, die zweithäufigsten Krebserkrankungen in dieser Altersgruppe.

man so etwas. Damit erspart man sich das ständige „Stupfen" der Venen, die würden das ja gar nicht aushalten. „So haben wir zwei Blutkreisläufe Kopf und Körper, bei denen die Chemo effizienter wirken kann" ... So viel fliegt auf uns ein, ich weiß nicht, ob wir all dem richtig folgen können. „Lara kann ja noch nicht einmal stehen, sie ist noch so schwach durch die Operation, ihr psychischer Zustand ist alles andere als gut," werfe ich ein, „kann man nicht noch etwas abwarten, bis sie zu Kräften kommt?" „Nein", lautet die klare Antwort der Ärzte, „denn sie hat einen Feind im Körper, und den gilt es so schnell als möglich zu bekämpfen, bevor der Tumor die Möglichkeit bekommt, nochmals zu wachsen." Mit einem Händedruck verabschiedet sich das Ärzteteam, und wir bleiben mit roten Augen und blassen Gesichtern auf unseren Stühlen kleben. Der Stationspsychologe Peter verharrt noch etwas bei uns.

Tausend Gedanken und Fragen schwirren in meinem Kopf herum. Nun ist die Lawine losgetreten. Wir haben uns für diese Therapie entschieden und sind nun wie in einem Rad gefangen. Wir müssen mit, da gibt es jetzt keinen Ausweg mehr. Hätte es denn einen anderen gegeben. Es gibt kein Zurück mehr. Hätte Lara eine andere Chance? Etwa Alternativmedizin? Zu wenig Zeit und Information hat man hierfür, und der Mut? Würde man das schaffen? Und wenn Lara stirbt? Sich dem Vorwurf auszusetzen, man habe nicht alles versucht, um Laras Leben zu retten? Aber unter welchen Bedingungen geschieht das nur!

Und mein Sohn Mike – die Sorge um ihn ist groß. Wie sollen ich und er eine so lange Trennung aushalten? Mehrmals am Tag sagt er mir, dass er mich lieb hat. Er braucht mich ja zum Kuscheln, und ich brauche ihn auch. Er ist ja erst sechs Jahre alt!

Vom Weinen aufgelöst versuche ich mich langsam wieder zu fangen, um zu Lara ins Zimmer zurückkehren zu können. Kaltes Wasser soll meinen Blick schärfen und die geschwollenen Augen wieder beruhigen. Lara wird inzwischen von Renate, der Kindergartentante auf der Station, betreut. Laras Tatta und ich gehen zu ihr ins Zimmer und können nur kopfschüttelnd an ihrem Bett stehen. Was musst du noch alles mitmachen!

Mein Platz ist nun hier bei dir Lara, ich werde dich nicht alleine lassen. Hätte es Mike getroffen, wäre ich bei ihm, das schwächere Kind braucht mich jetzt … und das ist nun mal Lara, … aber Mike … wie schwach oder stark ist er?

Die „Bekanntschaft mit dem Chemokasper"

Dein Tatta muss wieder nach Hause fahren und ich bin mit dir alleine. Nun kommt Peter ins Zimmer mit einem Büchlein in der Hand und einem runden ballartigen orangenen Männchen aus Stoff unterm Arm. Das Männchen hat zwei kurze Füßchen, eine bunte Mütze, trägt eine Brille und hat eine auffallend rote Zunge, die ihm aus dem Mund hängt. „Das ist der Chemokasper", sagt Peter, „möchtest du den mal halten, Lara?" sagt Peter. „Die Geschichte dazu ist im Büchlein abgebildet und Mama kann sie dir vorlesen, wenn du möchtest." Peter verabschiedet sich, denn es ist schon später Abend, und ich muss dir sofort diese Geschichte vorlesen.

Zuerst sind ein Mädchen und ein Junge abgebildet, ganz kindlich mit all den Zellen im Körper. Gesund schwimmen die Zellen herum, und jede von ihnen hat eine Aufgabe. Aber plötzlich kommen die bösen Zellen, mit gezackter Form, und streiten mit den guten, netten, runden Zellen. Die bösen Zellen wollen, dass die guten verschwinden und nur mehr böse Zellen im Körper sind. Deshalb bekommen die bösen Zellen ständig Babys und werden immer mehr, die drängen die guten Zellen an die Seite und schaffen sich Platz, indem sie zu Klumpen zusammenkleben. „Das ist der Tumor, der sich in deinem Kopf befunden hat, Lara", versuche ich ihr an Hand dieser Zeichnungen zu erklären, „und den hat dir der Doktor bei der Operation herausgenommen. Doch die bösen Zellen haben sich überall in deinem Körper versteckt – und nun kommt der Chemokasper. Dieses Männlein ist in der Flüssigkeit der Spritzen drinnen, die sie dir bald geben werden. Dieses Männlein hat eine Brille, damit es die versteckten bösen Zellen in deinem Körper überall findet. Und mit seiner langen, roten Zunge leckt er sie alle auf. Der Chemokasper hat viel Arbeit, denn es sind viele böse Zellen versteckt. Und wenn er ganz fleißig ist und ganz schnell durch deinen Körper läuft, kann dir davon sogar schlecht werden, und du musst erbrechen. Auch die Haare können dir ausfallen, weil der Chemokasper nicht nur böse Zellen frisst, sondern ab und zu auch ein paar gute. Da sind dann Zellen dabei, die zu deinen Haaren gehören, oder zu deinem Bauch." Auf dem letzten Bild ist ein Kind abgebildet mit einer Glatze, ohne Haare, aber mit lachendem Gesicht. „Denn der Chemokasper hat seine Arbeit getan. Alle bösen Zellen sind aus deinem Körper verschwunden, und nur mehr die guten, runden, freundlichen Zellen sind da und arbeiten wieder in dir." Am Ende des Buches sind einige weiße Blätter zur Verfügung, die man selbst bemalen kann. Ich zeichne da gleich die Lara hinein, zuerst ohne Haare – dann wieder mit Haaren. Aber noch kannst du dir nicht vorstellen, dass du deine wunderschönen Haare verlierst. Na ja, musst du auch nicht. Das passiert noch früh genug. Immer wieder muss ich dir dieses Büchlein vorlesen, gewiss an die zehn Mal, bis du endlich müde bist und einschläfst. In dieser Nacht schläfst du sehr unruhig. Ob du wohl vom Chemokasper träumst?

Der Chemokasper

„Omaya Reservuar und Hickmann“

Wieder legen sie dich auf den OP-Tisch. Diesmal nur ein „kleiner Eingriff“. So nennen sie das. Sie operieren dir nur die „Leitungen“ ein. Eine in den Kopf und eine unters Schlüsselbein. Wieder Papiere unterschreiben für die „Übernahme der Risiken“, die es bei jeder Operation gibt. Kann – oder muss – ich das tun? Für mein Kind, für einen anderen Menschen? Ja, ich muss. Ein Kreuz auf die Stirn, weg ist sie. Ich darf vor dem Aufwachraum warten, damit ich dann gleich da bin, wenn Lara nach mir verlangt. Wieder kann ich nur hoffen und beten. Ja wenn man das nie getan hat, würde man es hier lernen. Aber ich habe das ja schon immer gemacht. Wofür werde ich denn jetzt bestraft? Lieber Gott, kannst du mir das bitte sagen. Was habe ich falsch gemacht, dass Lara jetzt so krank ist? Muss sie für mich büßen, weil ich mich getrennt habe vielleicht? Ist sie deshalb krank geworden? Es gibt doch mehrere Ehen, die nicht gut gehen, deswegen werden doch nicht alle Kinder schwer krank? Verzweifelt suche ich nach Antworten. Oder habe ich Lara falsch ernährt? Sicher hast du als Baby nicht gerade gerne deinen Gemüsebrei gegessen, aber wird man davon krank? So schwer krank? Wo muss ich den Grund für deinen Tumor suchen? Wo kann ich Antwort finden auf alle meine Fragen? Wahrscheinlich nirgends …

Endlich holt man mich, ich darf in den Aufwachraum. Ach wie entsetzlich leid tust du mir. Dein Kopf eingebunden und ein riesengroßes Pflaster unterhalb des Schlüsselbeins. Und wieder Tränen, „Mammi, Mammi“ … Ich tröste dich und halte deine Hand. „Alles gut gegangen“, was heißt das, alles gut geht nicht, wenn jemand operiert wird, denke ich traurig. Aber diese OP-Futzis sehen das ja aus ihrer Sicht und nicht mit den Augen einer Mutter. Bedanken tu ich mich auch noch dafür, dann darf ich mein Mädel wieder aufs Zimmer nehmen. Was kommt jetzt noch? Ach ja, das Schlimmste, die Chemo. Morgen schon wollen sie damit anfangen. Täglich eine Spritze in den Kopf und eine in die Vene. Danach „Bewässerung“, so nennen die Ärzte das, wenn sie Flüssigkeit in deinen Körper leiten, damit deine Nieren nicht versagen. Deine „Pipi“ muss jedes Mal gemessen werden, Tag und Nacht. Ich versuche dir ein bisschen zu erklären, was morgen wieder mit dir geschehen wird, aber ich weiß selbst noch nicht, wie das alles sein wird, deshalb kann ich dir auch nicht viel sagen. Vielleicht ist das auch besser so.

Deine erste Chemotherapie

Gleich um 08.00 Uhr holen sie uns ins Untersuchungszimmer. Sie hätten auch schon vor Stunden kommen können, wir waren ja schon lange wach. Haben Lara und ich überhaupt geschlafen? Du wirst aufs Untersuchungsbett gelegt und ich muss dir die Hände halten, so sagt man mir. Eine Krankenschwester hält deinen Kopf fest und der Arzt sticht die Nadel in den Kopf! Ja, in diese Kapsel heißt das, aber das ist ja der Kopf ... mir wird fast schlecht ... aber Lara will ich nicht alleine lassen. Sie schreit ... vorbei ... endlich. Die kleine Spritze ist ja gleich hineingespritzt. Bei der anderen Chemospritze, die orangerote, wird dir in die andere Leitung beim Schlüsselbein gespritzt. Da spürst du zum Glück nichts. Man schraubt die rote Kapsel ab, die am Ende des „Kabels" ist und spritzt das Zeug hinein. Danach Spülung und nun wird der Beutel Flüssigkeit auf den Infusionsständer aufgehängt. Namentlich versehen muss der nun 24 Stunden laufen. Ach ja, und Pippi messen nicht vergessen! Lara muss nun jedes Mal auf den Topf, damit ich den Inhalt danach im Literbecher messen kann.

Wir gehen wieder ins Zimmer und warten ... auf was? Darauf, dass der Chemokasper nun seine Arbeit macht. Ich erkläre dir nochmals, dass diese Flüssigkeit – Chemo genannt – dir hilft, um gesund zu werden! Stimmt das denn? Muss ich dich nicht belügen? Wer gibt mir die Garantie, dass das auch eintrifft, was ich dir da verspreche? Niemand! Ich soll dir das jedes Mal, wirklich sechzehn Chemoblöcke zu je vier Tagen, antun? Ich rechne gleich, das sind vierundsechzigmal in den Kopf stechen. Unfassbar? Wenn ich dir das nur alles

abnehmen könnte! Ich würde es sofort tun. Wenn die Ärzte MIR dieses Zeug spritzen würden und DU dabei gesund werden könntest – sofort! Aber leider geht das nicht.
Die nächsten drei Tage stupfen werden immer schlimmer. Lara versteht täglich besser, was da abgeht. Am letzten Tag muss ich schon deinen Körper kräftig mit meinen Armen auf die Liege drücken. Du wehrst dich sehr stark. Meine Tränen kann ich nicht mehr zurückhalten ... was in aller Welt gäbe ich jetzt dafür, nicht deine Mutter zu sein!

Endlich nach „Hause“

Fast drei Wochen sind vergangen und wir dürfen nach Hause. Was sind wir froh! Endlich wieder im eigenen Bett zu schlafen, keine Spritzen mehr in deinen Kopf! Kein Piepsen am Infusionsständer. Endlich wieder eine Nacht durchschlafen. Aber vor allem: Mike zu sehen und an mich zu drücken. Ich habe solche Sehnsucht nach ihm! Lara wird abgestöpselt vom Infusionsständer und mit vielen Verboten werden wir entlassen. Keine anderen Kinder! Was ... ja, also kein Kindergarten mehr! Lara ging immer so gerne in den Kindergarten. Sie malte und spielte mit ihren Freundinnen. Am liebsten war sie in der Puppenecke und kochte für die Puppen etwas Gutes. Wie soll ich Lara erklären, dass sie nicht mehr in den Kindergarten darf? Dann Kinder meiden, die nicht alle Impfungen haben! Wie soll das gehen? Soll ich jedes Kind fragen, ob es geimpft ist? Geschäfte meiden – überall, wo viele Menschen sind, darf Lara nicht mehr hin, auch nicht in die Kirche. Ihr Immunsystem ist nun so sehr durch die Chemotherapie geschwächt, dass sie keine Abwehr gegen Infekte hat. Auch darf sie keine Tiere streicheln. Dabei liebt Lara Tiere über alles, Katzen und Hunde, vor allem „Bongo“, den Hund meines Bruders. Weg die unbeschwerten Kindheitsträume. Von einem Moment auf den anderen. Lara darf all das, was ihr Spaß macht, nicht mehr tun. Sie kann zurzeit noch

nicht einmal stehen, geschweige denn gehen, und sie wollte doch mal Tänzerin werden! Was wird aus deinen Träumen, Lara? ... Und aus meinen? Ich hatte doch vor, in diesem Sommer eine Almhütte zu pachten. Einen unbeschwerten, herrlichen Sommer wollte ich mit meinen Kindern im Schnalstal verbringen, wollte einmal aussteigen als Konditorin. Ich hatte sogar schon die fixe Zusage für die Hütte, und jetzt ... geplatzt mein Traum, wie eine Seifenblase.
Egal, wichtig mal heim. Wir packen unsere Sachen und steigen ins Rettungsauto, das uns nach Hause bringt.

„Das Heimkommen"

Mittags kommen wir in die leere Wohnung. Mike ist noch nicht von der Schule zu Hause, er weiß, dass auch er heute wieder nach Hause darf. Der Sanitäter trägt mir Lara in die Wohnung, wir sind wieder in den eigenen vier Wänden. Ich bin froh, die Türe hinter mir schließen zu dürfen. Wir sitzen auf dem Diwan – sprachlos. Ich schalte für Lara den Fernseher an und denke mal zehn Minuten an mich. Welch ein Genuss, all den „Spitalschmutz" herunterzuwaschen und damit auch alles Erlebte und Gedachte mit dem Wasser abzuschwänzen. Gleich darauf gibt es „weiße Nudel", mehr kann ich im Moment nicht bieten. Lara weint: sie sieht das rosarote Prinzessinenkleid, das unbenützt an der Garderobe hängt. Die Faschingszeit ist an uns vorübergegangen, ohne dass wir es bemerkt haben. Lara hatte sich so auf dieses Kleid gefreut. Tröstend nehme ich sie in den Arm und drücke sie ganz fest. „Es kommt noch ein Fasching, und da passt dir dieses Kleid noch, und dann ziehst du es halt nicht mehr aus", versuche ich Lara zu trösten. Kann ich dieses Versprechen halten, denke ich. Lebst du nächsten Fasching noch? Überlebst du diese Krankheit?
Endlich kommt Mike zur Tür hereingestürmt. Er rennt mich fast um und wirft sich mir um den Hals. Er lässt mich lange nicht mehr los. Auch er kann nun weinen, Gott sei Dank. Lange sitzen wir da und trocknen Tränen, alle drei.

Das Essen ist fast unwichtig, und auch schon kalt geworden, bis wir am Mittagstisch sitzen. Für den Abend verspreche ich ihnen eine Pizza, die wir zu Hause essen, denn Lara darf ja in kein Gasthaus. Meine Geschwister verstehen, dass wir nun Zeit für uns brauchen, und geben sich mit Telefongesprächen zufrieden. Sie würden Lara ja so gerne sehen, aber ich vertröste sie auf das Wochenende, aber bitte einzeln. Mein Vater wohnt ja in der Wohnung über uns – er kommt vorbei und kann aber nicht viel sagen. Mit wässrigen Augen hält er Laras Hand, sie tut ihm entsetzlich leid. So schlecht schaut sie gar nicht aus – finde ich. Die Haare sind ganz verfilzt, vom vielen Liegen. Ihr Auge schielt ganz stark, und sehr blass und dünn ist sie geworden. Sie isst ja kaum etwas. Mike ist dankbar für den Kurzbesuch von Opa, denn er nimmt mich voll in Beschlag. Er bombardiert mich mit Fragen über Fragen. Auf viele kann ich ihm auch keine Antwort geben. Ich bin ganz ehrlich mit ihm. Ich hatte noch nie Geheimnisse vor ihm – und er verlangt auch die Wahrheit. Kann ein sechsjähriges Kind die Wahrheit verkraften?
Nun darf ich zwei Wochen lang zu Hause bleiben, bis zum nächsten Chemoblock, da kann ich ihm ja alles erklären und ihn trösten. Aber wenn ich dann wieder weg muss? Was dann? Ich versuche nicht daran zu denken, und will jeden Tag mit meinen beiden Kindern genießen. Meine Mutter bietet sich an bei uns zu übernachten. Sie wohnt getrennt vom Vater, circa zwanzig km entfernt mit meinen beiden jüngeren Schwestern, den Zwillingen, Marion und Sonja. Ich lehne das ab, sie soll mir bitte nicht böse sein, aber ich möchte den Alltag so „normal" wie möglich hinkriegen.
Meine ältere Schwester Hildegard wohnt auch mit ihrer Familie eine Stunde von uns entfernt und kündigt sich zum nächsten Wochenende an. Christian, mein Bruder, wohnt im Ort mit seiner Familie. Darüber bin ich froh. Mike darf sooft er will zu ihnen kommen und dort essen und spielen. Auch geht eine Tochter mit ihm in die Klasse und sie machen auch manchmal Hausaufgaben zusammen. Christian bringt uns Lebensmittel vorbei und macht Lara und Mike Mut. Er ist ein Vorbild für mich, wenn er auch jünger ist als ich, er ist sehr redegewandt und unbeschwert. Das mag ich so gerne an ihm. Er kann

mich aufheitern und ablenken. Er ist ein Theaterspieler und kann das auch im Alltag gut einbringen.

Abends sitzen wir, „unsere kleine Familie“, so nenne ich sie seit ich mich vom Vater meiner Kinder getrennt habe, bei unserer Pizza. Lara isst nur ganz kleine Stückchen, aber mit Genuss. Die Pizza ihres Onkels, er hat gleich nebenan eine Pizzeria, hat sie schon immer gerne gemocht. Mike ist immer noch nicht müde von all den Fragen. Lara ist schon längst eingeschlafen, als Mike und ich noch lange kuscheln. Mike kann und will nicht wahrhaben, dass seine Schwester Lara nicht mehr gehen kann. Er nimmt sich vor, es ihr beizubringen. Mit diesem Plan schläft er nach einem langen Tag ein. Ich bin sehr nervös und angespannt, ständig schaue ich nach, ob Lara noch atmet, ein kleines Licht im Zimmer muss ich lassen, damit ich sie sehe.
Im Krankenhaus war ich sicher und habe stets Hilfe von den Schwestern erhalten. Nun bin ich alleine, wie soll ich das schaffen? Diese Anspannung ist fast unerträglich, aber ich werde es wohl lernen müssen? Plötzlich läutet der Wecker, ich muss raus, Mike muss ja zur Schule. Lara schläft noch. Die Chemo hat sie sehr müde und schlapp gemacht. Ob ich ja da bin, wenn Mike zu Mittag nach Hause kommt? Seine Frage, als er mich für die Schule verlässt! „Ja“, rufe ich noch und lege mich noch etwas ins Bett.
Seit Lara krank geworden ist, kann ich ja nicht mehr arbeiten gehen. Wie gerne würde ich das jetzt tun. Ich war als Konditorin bei meinem Vater angestellt. Wir haben im Untergeschoß eine Konditorei – und nun kann ich nichts mehr tun. Ich höre vom Schlafzimmer aus jemanden den Ofen öffnen. Meine Arbeitskollegen haben am Vormittag viel zu backen. Traurig darüber, dass ich nun meine gewohnte Welt nicht mehr habe, muss ich weinen. Aber wer bleibt bei Lara?
Zur Zeit weiß ich auch nicht, ob ich die Kraft hätte um zu arbeiten. Die kurzen Nächte und die Sorge um Lara nehmen mir viel Kraft weg. Aber wie soll es weitergehen? Als allein erziehende Mutter erhalte ich zwar einen Unterhalt für die Kinder, aber der reicht nicht für Miete und Lebensmittel. Viele Fragen

und keine Antwort. Doch meine beste Freundin Veronika kommt vorbei und gibt mir eine Telefonnummer, die Menschen in einer schwierigen Situation wie meiner anrufen können. Die Organisation hinter der Nummer heißt Peter Pan und unterstützt Familien finanziell und medizinisch. Ich fahre mit Lara gleich zu Peter Pan nach Bozen. Es gibt dort medizinische Versorgung für uns in der Zeit, in der wir zu Hause sind. Jeden zweiten Tag fahren wir also zu ihnen nach Bozen und machen Laras Blutproben und die ärztlichen Visiten. Die Fahrt ist jedes Mal dreißig Kilometer lang. Aber ich bin heilfroh, dass ich Hilfe gefunden habe. So hilflos wie ich bin mit meinen vielen Fragen – hier hilft man mir, und das Ärzteteam versorgt uns beide liebevoll. Man weiß bei Peter Pan, dass die Mammis Hilfe brauchen und bietet uns auch finanzielle Unterstützung an. Eine große Sorge weniger! Mein Vater erlässt mir die Miete, und so kommen wir über die Runden.
Lara bewegt sich in der Wohnung krabbelnd fort. Ihre rechte Hand kann sie immer noch nicht gebrauchen, ihr fehlt die Kraft. Sie hat nun angefangen, die linke Hand einzusetzen. Sie isst mit links, und wenn sie krabbelt zieht sie sich mit der linken Hand weiter. Welch ein Anblick für mich … Mike verspricht ihr

Mike mit Lara

seine Plastiktiere, wenn Lara bis zu den Tieren krabbelt. Mike stellt sie jedes mal woanders hin und Lara muss sie sich mit großem Kraftaufwand holen – und darf dann als Belohnung mit ihnen spielen.

Eine Mammi, die ich von der Vereinigung für Kinder mit Lippen-Kiefer-Gaumenspalte her kenne, bringt mir einen coolen Dreiradspazierwagen. „Schöne Grüße von allen Mammis", sagt sie. Jetzt kann ich Lara nachmittags etwas spazieren fahren. Wie im Flug vergehen diese zwei Wochen, und schon morgen um 06.00 Uhr steht das Rettungsauto bereit für die Fahrt nach Innsbruck. Mike muss ich wieder alleine lassen, bei Nachbarinnen und Freundinnen wird er seine Nachmittage verbringen, überall im Dorf stehen für ihn die Türen offen und ein Essen bereit. Abends wird er von seinem Vater abgeholt. Lara wird ans Krankenbett angeschnallt und los geht die Fahrt nach Innsbruck zum zweiten Chemoblock.

„Hochgradig"

„Ach, meine kleine Zwetschge", so nenne ich dich öfters, weil dein kleiner Popo nicht größer ist als eine Zwetschge. So dünn und zerbrechlich bist du geworden. Ich liege schon die halbe Nacht wach, mein Blick ständig bei dir. Du liegst zusammengekauert wie ein kleines Häufchen im Bett. Unruhig dein Schlaf – du wälzt dich ständig hin und her. Wie schlecht muss dir sein, dass du von deiner Umgebung nichts mehr wahr nimmst. Heute ist die erste Nacht deines zweiten Chemoblocks. „Hochgradig", so nennen die Ärzte diesen Block. Wie stark kämpfst du gegen die Krebszellen: ständig wachst du auf und rufst ganz verstört: „Mammi, Mammi!", wie in einem schlechten Traum. Dann, wenn du meine Stimme hörst oder meine Hand spürst, schläfst du gleich wieder weiter. Die Krankenschwester hat dir Windeln verpasst. Schweren Herzens musste ich mich für dich dafür entscheiden. Ständig mussten wir deine nasse Bettwäsche wechseln, du merkst nicht mehr, wann du Pippi musst.

Das ständige neu Überziehen des Bettes war störend für alle, auch für das andere Kind, das mit uns im Zimmer ist. Denn wir sind ja immer zu viert im Zimmer, zwei Patienten und zwei Mammis. Die Windeln sind für mich ein weiterer Schritt nach hinten, denke ich, aber du wirst ja die ganze Nacht „bewässert", wie könntest du auch so viel Flüssigkeit einteilen?
„ ‚Nierentasse', so ein komisches Wort für ‚Speibtegel'", findet Lara. Gleich morgens fängt es an mit dem Erbrechen, und erst wenn du abends einschläfst, hört es auf. Für die Schwestern ein gewohnter Anblick, wenn die Kinder sich übergeben, ständig läuft eine Mutter los um Nachschub an Nierentassen zu holen. Mit dem Essen schaut es nur mehr mager aus, du kostest vielleicht mal einen Bissen von etwas, dann ist der Appetit auch schon vorüber. Gleich wirft es der Magen sowieso wieder herauf. Erschrocken sehen wir dein Kissen – voller Haare! Du weinst! „Meine schönen Haare!" Ich versuche dich zu trösten und streichle über deinen Kopf – büschelweise Haare halte ich in meiner Hand. Ach wie zerreißt es mir fast mein Herz, ich weiß wie stolz du darauf bist, so schöne Haare zu haben. Lange rede ich auf dich ein, dass wir die Haare, die du noch hast, abschneiden müssen, diese „glatzigen" Stellen schauen nicht schön aus, auch jucken dich die Haare im Bett. Ich kann dich nicht überzeugen, mir kommt eine Krankenschwester zu Hilfe. Sie darf dir sogar die Haare abschneiden – ich muss währenddessen aus dem Zimmer, kann es fast nicht ertragen. Nachdem ich mit großen Atemzügen tief Luft und Kraft hole, komme ich wieder ins Zimmer. Lara glatzköpfig zu sehen – erschreckend im ersten Moment. Ihre schönen Haare hatten auch ihr fehlendes Ohr kaschiert. Aber gleich schon kann ich dich umarmen und trösten, versuche dir zu sagen, dass deine Haare, wenn sie nachwachsen, noch kräftiger und schöner sein werden. Ich muss deine Kraft bewundern, wie du von deinem „wertvollen" Äußeren Abschied nehmen kannst. Ich bringe dir einen Handspiegel und ständig betrachtest du dich lachend darin. Du siehst all deine äußeren Mängel nicht – du schaust durch dein Spiegelbild hindurch – was bist du doch für ein liebevoll einzigartiges Kind! So herzlich und schmeichelnd. Am Abend schläfst du, von den neuen Ereignissen müde, bald ein. Bett an Bett liegen wir – ich betrachte

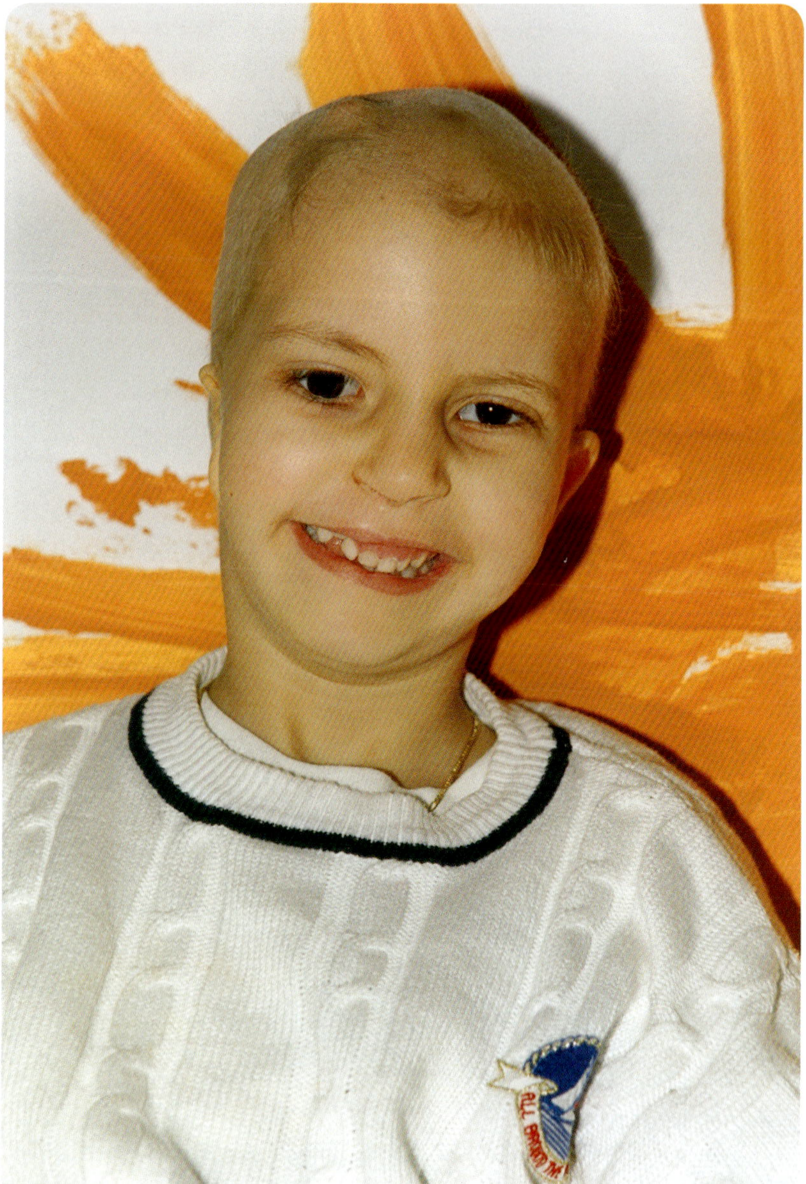

Schattenseite des Lebens

dich stundenlang. Mein Kind mit Glatze! Und trotzdem bist du für mich die Schönste, ich liebe dich so wie du bist. Tausend andere Mädchen wären nicht so schön wie du jetzt. „Lara, ich liebe dich so wie du bist!“

Nachts ist meine Sorge um dich ganz besonders groß, immer wieder schaue ich nach, ob du noch atmest. Halte deine Hand und beruhige dich bei jedem Aufschrei. Meine ständige Frage an mich: „Was musst du alles erleiden, wie gerne würde ich dir das alles abnehmen … wenn ich nur könnte!“ Ich sage dir oft, dass ich dir die Sterne vom Himmel holen würde, wenn du nur gesund würdest! Mein Kopf dröhnt vor Sorge. Die Nächte scheinen nicht zu enden, ich muss raus aus dem Bett und kippe das Fenster. Das mache ich morgens so gerne, ich höre das Vogelgezwitscher, es erinnert mich an den gestrigen Frühlingsbeginn. Die Vögel singen herrliche Lieder, und ich lausche diesem Gesang. Gottes Größe und Liebe wird mir dabei stark bewusst. Seit Laras Krankheit sauge ich jeden glücklichen Moment intensiv auf. Eine Krähe durchbricht den lieblichen Vogelgesang, ich lösche meine Taschenlampe, um noch etwas Kraft im Schlaf für den bevorstehenden Tag zu holen, den letzten Chemotag in diesem zweiten Block.

Der Druck zu Hause ist fast unerträglich

Gebe ich dir nichts Falsches zum Essen und zum Trinken? Keine Packung darf länger als zwei Tage offen sein, achte ich immer genau darauf? Beim Einkaufen nehme ich nur Portionen Butter, Marmelade und Nutella, und z. B. kleine Tetrapackungen Saft. Salat darf Lara keinen essen, auch keinen Parmesan auf den Nudeln. Aber unsere „Wiedersehenspizza“, die schmeckt, stets von meinem Onkle spendiert.

Wir genießen alle drei wieder das Zusammensein und sitzen gemütlich am Balkon. Wir tasten uns wieder langsam in den Alltag hinein. Es ist stets ein Sprung ins kalte Wasser, wenn wir wieder zu Hause sind. Vom behüteten Um-

feld Krankenhaus hinein in die Alleinverantwortung. Fast „zum Glück" fahren wir wieder alle zwei Tage nach Bozen zur Visite. Laras Blut ist noch „stabil" sagt man, ich kann mir noch nicht vorstellen, was das Gegenteil sein könnte. Zehn Tage dürfen wir diesmal zu Hause bleiben. Ich versuche mich fest um Mike zu kümmern, aber Lara nimmt sehr viel Aufmerksamkeit in Anspruch. So bleibe ich am Abend, wenn Lara schon schläft, mit Mike lange wach und wir führen endlose Gespräche. Beim letzten Mal, als ich dich über Laras Krankheit aufklären musste, blieben für dich viele Fragen offen. Ich bin so froh, wieder bei meinem Sohn sein zu können, dich zu drücken und zu trösten, was musst du in deinem kindlichen Alter entbehren, deine Mama! Das Gefühl von Sicherheit und Liebe ging für dich von einem Tag auf den anderen verloren. Das Alleinsein macht dir zu schaffen. Wenn du auch von allen umsorgt wirst, tagsüber bei Freunden abgelenkt bist, trotzdem fühlst du dich allein gelassen. „Mama ist halt Mama". Bald ist auch noch die Schule aus, was mache ich dann mit dir, ich darf gar nicht daran denken.
Lara fängt langsam an wieder zu gehen. Mike hat die zündende Idee, ihren Puppenwagen mit Büchern so zu beschweren, dass er nicht umkippen kann. So kann sich Lara daran festhalten und versucht nun, einen Fuß nach dem anderen zu heben. Sehr mühsam und schmerzhaft. Aber Lara will! Und sie schafft es auch. Morgen ist Ostern und Lara kann, wenn man sie an den Händen festhält, gehen! Sie sucht ihr Osternest selbst – ihr Wunsch ist in Erfüllung gegangen.

Lara lernt wieder gehen

Der schlimmste Eingriff

Die Chemo in den Kopf einspritzen wird zum Martyrium. Nun täglich zweimal. Die Ärzte haben nun beschlossen, man müsse nun einstechen und Liquor vom Hirnwasser abnehmen, um festzustellen, wie viel MTX-Chemo noch darin enthalten ist (So heißt die Chemo, die in den Kopf gespritzt wird). Nach der Befundung entscheiden die Ärzte dann, ob sie noch eine Chemospritze setzen oder nicht. Die Hoffnung, dass nur einmal gespritzt werden muss ist auf unserer Seite nicht allzu groß. Und tatsächlich, nur ganze drei Mal in der gesamten Chemozeit wird Lara die zweite Spritze erspart. Morgens, als Lara aufwacht, schon die erste Frage: „Kommen sie mich gleich holen in den Kopf zu stechen?" Täglich versuche ich ihr zu erklären, dass die Chemo in den Kopf besser wirkt. „Der Chemokasper kann die bösen Zellen genau da finden und fressen, wo sie sind: im Kopf." Aber Laras Angst vor dem Eingriff ist stets riesengroß! Ich muss sie richtig kraftvoll auf den Untersuchungstisch drücken, meistens braucht es noch zwei weitere Schwestern, die mir helfen. Was gäbe ich dafür, müsste ich das nicht miterleben! Kannst du das jemals vergessen?

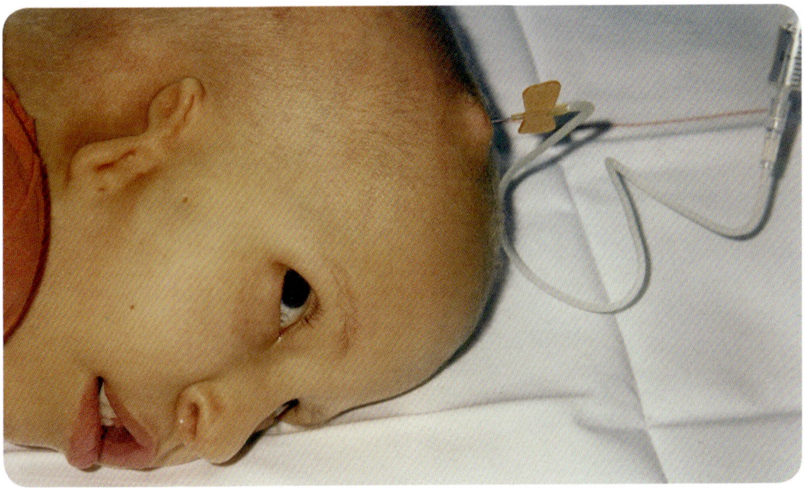

Laras schlimmster Eingriff

Ansonsten findet sich Lara immer besser auf der Station zurecht, mit ihrem ständigen Begleiter, dem Infusionsständer, geht sie nun auch auf Entdeckungsreise. Es sind täglich eine Kindergärtnerin und eine Maltherapeutin da, die sich um die Kinder kümmern. Lara geht es bei diesem Chemoblock etwas besser, sie erbricht nicht mehr so oft und schläft auch weniger. Das größte Ereignis ist, dass du mit dem „Traktor" den Krankenhausflur auf und ab fährst. Die Tage im Krankenhaus vergehen schneller, wenn du eine Beschäftigung hast. Und ich darf dich auch mal kurze Zeit abgeben und Kraft tanken. Am liebsten sitze ich im Innenhof der Klinik in der jetzt wärmenden Sonne. Ein riesiger blühender Kirschbaum lädt zum Verweilen ein. „Wie schaffe ich das, wie habe ich die Kraft, das alles noch die lange Zeit durchzuhalten?", denke ich. Ich muss: für Lara! Sie kämpft so tapfer, muss so viel ertragen, aber werde ich es auch schaffen? Ich merke, dass all die letzten Ereignisse, die Operation und der Beginn der Chemo mich schon nervlich etwas angeschlagen haben. Ich atme tief ein und bitte Gott um die nötige Kraft, um all das durchzustehen.

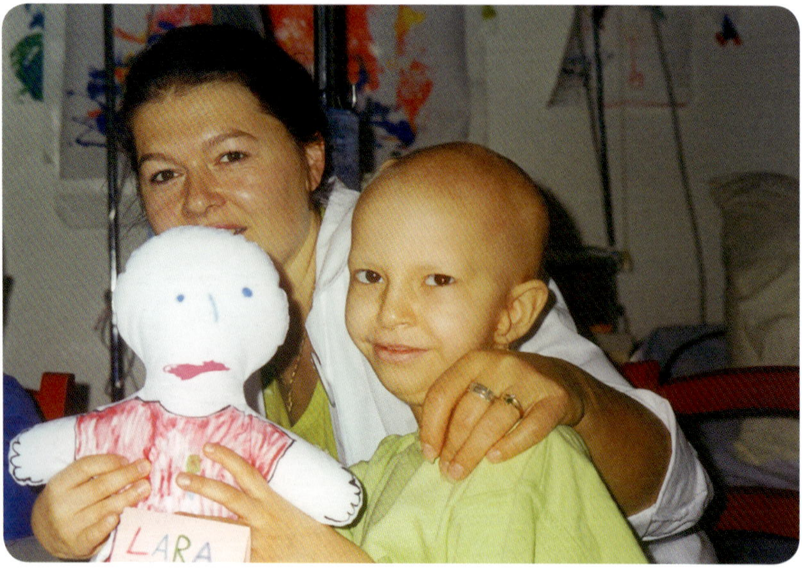

Stunden zum Abschalten mit Kindergartentante Renate

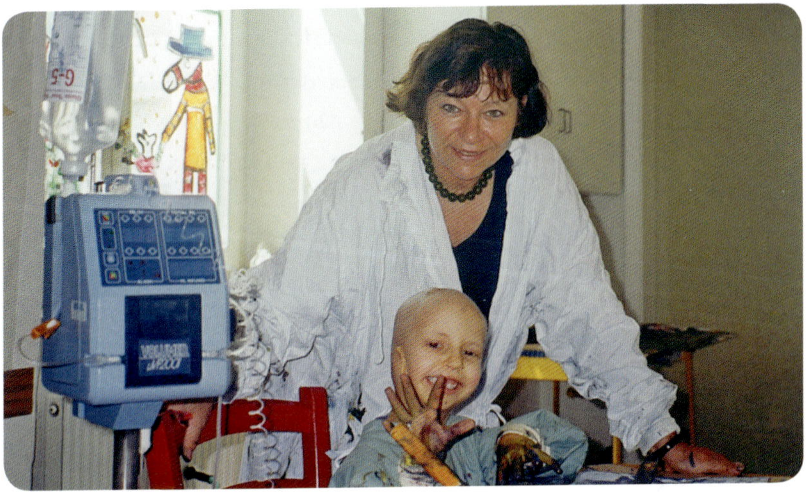

Malen mit Ann Marie

Wieder daheim

Mike greift mich zur Begrüßung massiv an. Er schimpft mit mir: „Du lässt mich immer allein, du hast mich nicht mehr lieb!“ Er weint und sagt: „Warum habe nicht ich Krebs, das wäre mir viel lieber!“ Mir gibt es einen Stoß ins Herz und ich erkenne, wie schlimm es um ihn steht. Lange halte ich ihn im Arm und tröste ihn. Ich versuche ihm zu erklären, dass Lara viel zu schwach und zu klein ist, um sie alleine zu lassen. Sie braucht mich einfach. „Und ich?“, fällt mir Mike ins Wort. „Ja, ich weiß!“ Nichts weiß ich, ich kann es mir nur denken, wie es ihm geht, ich fehle ihm sehr. Ich nehme mir vor, diese zehn Tage zu Hause mich intensiver mit ihm zu beschäftigen. Es fällt mir aber sehr schwer. Zum einen ist Mike sehr aggressiv mir gegenüber, und zum anderen bin ich diesmal auch sehr gereizt und nervös. Letztlich ist auf der Station ein Mädchen gestorben, ich kannte sie zwar nicht sehr gut, aber trotzdem, mir geht sie nicht aus dem Kopf. Und überhaupt habe ich die Gedanken ständig bei den Kindern auf der Station. Wir kennen uns nun besser, teilten des öfteren ein Zimmer und so sehe ich auch das Leid der anderen. Ständig frage ich mich, wie es wohl dem einen oder anderen Kind geht. Schluss damit, ich merke, dass das zuviel für mich ist, ich muss meine Gedanken lösen – und ich muss mich auf meine Kinder konzentrieren.

Jeden zweiten Tag müssen wir nach Bozen, die Blutwerte sind nun auch schlecht, so dass Lara Fremdblut erhält. Diesen Blutsack an Lara zu sehen ist wieder ein neues, etwas ungutes Gefühl. „Hoffentlich ist alles in Ordnung damit", denke ich, aber was soll's, wir haben wieder einmal keine Wahl, und sind auch froh, dass es dieses Fremdblut gibt. Laras Hämoglobinwerte sind ja so schlecht, das schlägt sich in ihrer Kraft und Gesichtsfarbe nieder. Mit etwas rosigerem Gesicht dürfen wir am späten Nachmittag wieder nach Hause. So steht Mike mittags vor verschlossener Tür. Ich bin heilfroh, dass ihn meine liebe Nachbarin abfangen kann und er bei ihr zu Mittag isst. So bin ich durch die ständigen Visiten und Blutproben auch recht wenig zu Hause. Ich habe mir so vorgenommen, viel Zeit mit Mike zu verbringen, und schaffe es nicht. Auch muss ich in diesen Tagen mit Mike schimpfen, denn in der Schule entwickelt er sich zum „Raufbold". Der Lehrer hat mich angerufen. Mike ist mir böse und ich habe nun gar keinen Zugang mehr zu ihm. Die zehn Tage sind nun vorüber, die Zeit zu Hause war schlimm. Ich habe ein sehr schlechtes Gewissen Mike gegenüber, und muss ihn nun schon wieder für fünf Tage alleine lassen. Das tut so weh! Wir halten uns noch ganz fest, alle drei, und wollen uns nicht mehr loslassen. Weinend – wir müssen uns aber loslassen! Lara krabbelt ihrem Bruder noch mit dem Weihwasser in der Hand nach, er muss gleich zur Schule, sie segnet ihren Bruder und drückt ihn ganz fest. Wir müssen in die Klinik zur nächsten Chemo, wir fangen an, diese Chemotherapie zu hassen!

Laras Glückskatze

In Innsbruck angelangt merken wir, dass wir unsere „Glückskatze" zu Hause vergessen haben. Die dreifarbige Plüschkatze hatten wir von Anfang an dabei. „Na ja", sage ich zu Lara, „man soll sich ja nicht an solche Sachen hängen, der liebe Gott ist ja bei uns." Und das wird mir schon gleich darauf wieder stark bewusst.

Ein Arzt und eine Krankenschwester kommen ins Zimmer, die Blutwerte sind geprüft und es kann wieder mit der Chemo losgehen. Die Schwester legt noch ein Tablett voll belegt mit Spritzen auf den Tisch, auch einen Monitor schleppt sie herbei. Lara wird angeschlossen, „nur zur Vorsicht", heißt es, und der Arzt und die Schwester verlassen das Zimmer. Lara hat heute noch eine zusätzliche Chemo am „Hickmann" (Leitung) laufen, also drei verschiedene auf einmal. Ich setze mich an den Tisch im Zimmer und beginne die Zeitung, die ich mir zuvor besorgt habe, zu lesen. Eine Tageszeitung aus Südtirol, meine einzige Verbindung zur Heimat. Nach ungefähr drei Minuten hustet Lara, ich drehe mich um, denn ich sitze mit dem Rücken zu ihr am Tisch. Ein hochroter Kopf! Sie hält sich die Hände an die Ohren. Hals und Gesicht sind wie ein Luftballon! Die Augen sind nur mehr ganz kleine Schlitze! Alles geht so schnell, ich springe auf und läute. Nichts, niemand kommt, sofort laufe ich zur Zimmertür und schreie um Hilfe. Endlich laufen eine Arzt und eine Schwester mir entgegen – Lara ringt nach Luft. Schnell spritzen sie Lara vier Spritzen, in einem Mal. Das Gegenmittel, klärt mich der Arzt auf. „Das kommt bei dieser Chemo vor, einige Patienten reagieren allergisch." Er versucht mich zu beruhigen. Ich zittere am ganzen Körper und kann nicht mehr stehen. Ich lege mich zu Lara ins Bett und kann nur noch weinen und danken. Es gibt ihn, den lieben Gott! Er lässt uns nicht alleine! Zwei Stunden schlafen wir, so hat uns der Zwischenfall mitgenommen. Als wir wieder aufwachen, ist Laras Gesicht zwar noch angeschwollen, aber es geht ihr schon viel besser.

Welche Menge an Cortison haben sie dir gespritzt? Den ganzen Nachmittag bin ich damit beschäftigt, Essen für dich anzuschleppen. Lara schmeckt das

Klinikessen nicht mehr. Eine Stationsküche ermöglicht es mir, selbst für sie zu kochen. Ab und zu hole ich auch im nahe gelegenen Supermarkt oder beim Bäcker etwas, worauf Lara gerade Lust hat. So kann ich das Zimmer für kurze Zeit verlassen. Ich laufe stets in die nahe Kirche, täglich, wenn ich in Innsbruck bin, finde ich die Zeit dafür. Manchmal sind es nur zwei Minuten, die ich dort verbringe, Zeit, um eine Kerze anzuzünden. Manchmal, wenn Lara schläft, schleiche ich mich auch etwas länger davon. Ich fühle mich wohl in dieser Herz-Jesu-Kirche, sie gibt mir die nötige Ruhe und Kraft.

Am Abend gleich die nächste Aufregung!

Ein Mädchen wird in unser Zimmer gelegt, begleitet von ihrem Vater. Sie hustet schrecklich. Die Schwester erklärt mir, dass das nur ein Reizhusten ist, und sollte Lara morgen husten, ist ja immer noch nicht sicher, dass sie von diesem Kind angesteckt wurde. Das ist mir zuviel! Ich weigere mich, mit diesem Kind das Zimmer zu teilen und bitte den Vater, mich zu verstehen. Nur zu gut kennt er sich aus und ist mir keineswegs böse. Die Schwester findet schließlich ein anderes Zimmer für den Vater und seine Tochter. Erschöpft und genervt von diesem Tag kann ich endlich Ruhe und Schlaf finden.

Gottlob verlaufen die nächsten Tage eher etwas ruhiger. Ich habe auch schon nette Bekanntschaften mit anderen Müttern geschlossen. So vergehen die Tage etwas schneller, seit ich mich mit anderen Frauen austauschen kann. Peter, der Stationspsychologe, sieht uns Müttern an, wenn „wir nicht mehr können", er holt uns dann in sein Zimmer und wir dürfen mal all unseren Gedanken und Tränen freien Lauf lassen. Das hilft mir sehr und befreit meinen Kopf und mein Herz.

Die vierte Chemo knapp überlebt, dürfen wir nach Hause. Wieder zehn Tage, so heißt es, aber nach vier Tagen ist ein MRI geplant (Magnetresonanz-Untersuchung). Sie wollen dich in eine Röhre schieben um nachzusehen, wie die

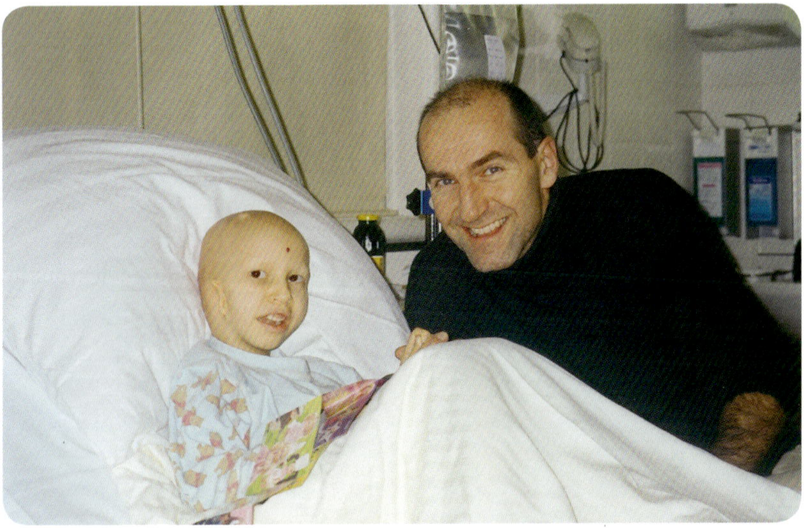

Stationspsychologe Peter

Chemo anschlägt. Mir soll's recht sein, nur mal nach Hause. Lara freut sich so sehr auf ihren Bruder Mike, ich auch. Habe aber etwas Angst, hoffentlich ist es besser drauf als letztes Mal. Zu Hause angelangt, springt Lara Mike vor Freude an. Sie kann nun recht gut gehen, wenn man sie an einer Hand führt. Sie hat den Gleichgewichtssinn verloren und würde ohne Halt umkippen. Die zwei Kinder spielen gleich miteinander und verstehen sich auf Anhieb gut. Mike kann nun etwas mehr mir Lara anfangen, seit sie wieder gehen kann. Er führt sie von einem Zimmer ins nächste und überall gibt es für Lara Neues zu erkunden. Ich nehme mir Zeit zum Duschen und wasche all den Krankenhausballast ab. Ich versuche abzuschalten und will nur noch meine Kinder genießen.
Viel Zeit nehme ich mir für meinen Sohn zum Knuddeln und Reden. Ein Blick in seine Schulhefte verrät mir, dass er „unkonzentriert und auffällig" ist. Ein Gespräch mit dem Lehrer beruhigt die Lage vorerst. Bald sind ja Sommerferien und bis dahin muss sich Mike noch zusammennehmen. Sommerferien? Eine weitere nette Nachbarin bietet mir an, Mike auf eine Alm mitzunehmen. Sie hat selbst drei Buben und betreibt mit ihrem Mann eine kleine Wirtschaft im

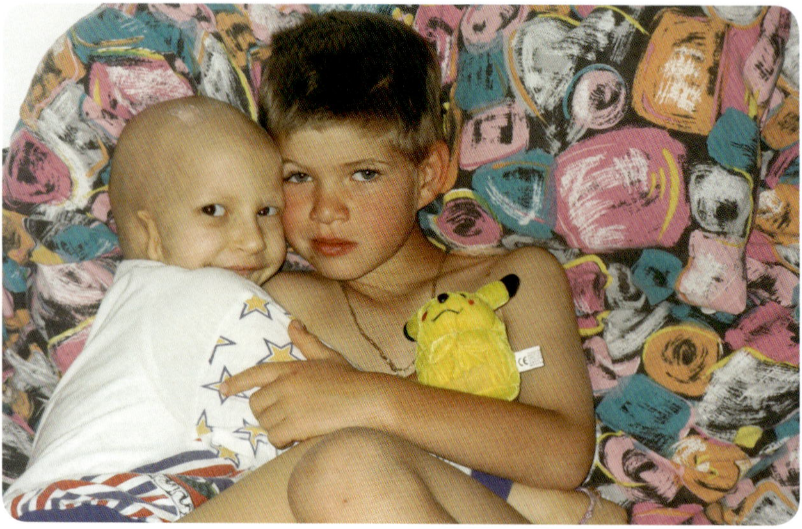

Mike, hab dich lieb!

hinteren Passeiertal. Ich will darüber nachdenken. Ich bitte Daniel, sich für die nächste Chemo von der Arbeit freizunehmen. „Ich kenne meine Grenzen, und die sind erreicht", sage ich. Ich hoffe sehr, dass Daniel mir entgegenkommt, ich schaffe das alles nicht mehr, ich brauche eine Auszeit. Außerdem habe ich bald Geburtstag und würde mich auch mal gern mit meinen Freundinnen treffen. Nur einen Tag müssen wir nach Innsbruck zum MRI, nach der vierten und nach der achten Chemo, so sieht das medizinische Protokoll es vor. Ich darf immer mit in die Röhre, Lara fühlt sich dadurch sicherer. Ganz unten bei ihren Füßen mache ich mich klein und winzig. Lara liegt die ganze Zeit still, eine halbe Stunde lang, sie schafft das MRI ohne Narkose. So bleibt ihr ein Tag Aufenthalt in Innsbruck erspart. Ich bin so verwundert, wie ein Kind mit vier Jahren so lange so still liegen kann, aber Lara weiß: wenn sie sich bewegt, können die Ärzte keine schönen Bilder machen, und alles würde noch viel länger dauern. Nach der Blutprobe entlässt man uns nur ungern, „mit schlechten Werten im Grenzbereich". Aber Lara will unbedingt nach Hause, und ich verspreche den Arzt, die Werte in Bozen erneut beobachten zu lassen.

Am nächsten Morgen ist Laras Körper ganz mit blauen Flecken übersät, sofort fahren wir nach Bozen ins Day Hospital. Lara riskiert eine innere Blutung oder eine Hirnblutung, bei diesem niedrigen Hämoglobinwert, sofort wird ihr eine Transfusion angehängt. Lara hatte gestern aber wieder einen Schutzengel, als wir im Rettungsauto nach Hause fuhren und das Kopfteil runterlassen wollten, ist es heftiger als gewollt nach unten geschnellt. Wie schnell hätte das bei Laras Blutwerten zu einer innern Blutung führen können!

In der Zeit danach erholt sich Lara sehr schnell. Das Blut tut ihr sichtlich gut. Mit rosigem Gesicht und mehr Kraft als üblich spielt sie sehr ausgelassen mit Mike. Sie drängt auch darauf, in den Garten zu dürfen. Am Nachmittag trifft sich Mike dort immer mit einem gleichaltrigen Nachbarsjungen. Lara will nur sehen, was die zwei Jungen im Garten machen. Mit diesen guten Blutwerten gebe ich Laras bitte nach und wir genießen die Frühlingstage im Freien. Schnell vergehen die Tage und Daniel fährt tatsächlich mit Lara zur fünften Chemo. Schon ein ungutes Gefühl, sie nun nicht mehr bei mir zu haben, aber ich habe Daniel so gut als möglich alles erklärt, worauf er achten muss. Er verspricht, auf sie aufzupassen, und ich soll doch mal auf mich schauen. Kann ich das überhaupt noch? Ich verbringe die nächsten Tage mit Mike, er genießt das in vollen Zügen. Ich begleite ihn zum Fußballtraining und wir essen so viel Eis, wie wir können. Heute ist mein Geburtstag! Mike überrascht mich schon am Morgen mit einem selbst gepflückten Blumenstrauß. Mit Tränen in den Augen höre ich zu, wie er „Happy Birthday“ singt. Mike geht in die Schule und ich genieße den Vormittag mit einem ausgedehnten Spaziergang in den nahegelegenen Wald. Wie lange schon habe ich keine ganze Stunde mehr für mich allein gehabt. Wie lange schon nicht mehr die Natur, die ich so liebe, sehen können. Umso mehr genieße ich jetzt diese Stunden für mich. Die Ruhe im Wald tut mir unheimlich gut.
Den Nachmittag verbringe ich mit Mike und am Abend werde ich von meinen Freundinnen zum Spargelessen eingeladen. Einmal wieder in netter Runde zu quatschen! Bewusst lassen wir das Thema Lara aus, meine Freundinnen verste-

hen nur zu gut, dass ich gerne über etwas anderes reden und zuhören möchte als über das Thema Krankheit.

„Daniel macht sicher alles sehr gewissenhaft in der Klinik, ich will weniger oft nachfragen“, denke ich. Es fällt mir schwer, mich nicht ständig nach Lara zu erkundigen. Nun verstehe ich Daniel gut, wenn er sagt, er mache sich immer Sorgen, wenn ich mit Lara zur Chemo weg bin. Ich bin ja dabei und weiß, wie es Lara geht, er von zu Hause aus kann nur hoffen, dass es ihr gut geht. Manchmal würde ich aber trotzdem lieber tauschen. Daniel kann sich aber arbeitsmäßig nur sehr schwer freinehmen. Im Mai gibt es viele Hochzeiten, und auch andere Veranstaltungen, die er als Fotograf festhalten muss. Endlich kommen Daniel und Lara mit dem Rettungswagen wieder zurück, es ist alles gut gegangen, zum Glück!

Muttertag

Drei Tage lang hast du fast nur geschlafen und erbrochen, aber am Sonntag bist du fit. Wie sehr hast du dich gefreut auf ein Picknick im Freien. Unsere gesamte Familie trifft sich an einem See. Meine zwei sechzehn Jahre jüngeren Schwestern spielen den ganzen Tag mit dir. Du willst barfuß durch das kalte Bächlein waten, ich erlaube es dir. Endlich darfst du mal einen Tag wieder Natur spüren, ich gönne es dir. Wir können uns nicht satt sehen an deiner sprühenden Lebensfreude. Dieser schöne Muttertag wird uns noch lange in Erinnerung bleiben. Die nächsten schönen Frühlingstage verbringen wir viel im Garten. Lara sitzt auf einer Bank und erfreut sich an der Natur.

Heute Morgen erwachst du mit 39,5 ° Fieber. Ein Anruf beim Rettungsdienst und sie sichern uns sofortigen Krankentransport zu. Mikes Tasche muss ich wieder schnell einpacken, jetzt muss er wieder ohne mich klarkommen. Mike verlässt weinend das Haus, und die Rettung fährt uns Richtung Klinik. Während der Fahrt sehe ich einen kleinen Holzsplitter in deinem Finger. Der wird

wohl dein Fieber hervorgerufen haben. Ja, bei 200 Leukozyten (weiße Blutkörperchen) ist dein Körper nicht mehr imstande, so eine Kleinigkeit abzuwehren. Er reagiert sofort mit Fieber, und das muss dann sieben Tage lang mit Antibiotika gesenkt werden. Morgen wäre die nächste Chemo geplant gewesen. So heißt es jetzt abwarten, bis das Fieber sinkt und sich deine Blutwerte stabilisieren. Lara geht es nicht besonders gut, das Antibiotikum macht sie schlapp und gereizt. Nach eine Woche sind die Werte zum Glück wieder so gut, dass Lara die nächste Chemo machen kann.
Nun sind wir schon seit einer Woche wieder zu Hause. Dein Mund ist voller eitriger Bläschen. Du kannst nichts essen, der ganze Mund tut dir weh, mit einem Strohhalm kannst du wenigstens trinken. Eine Lösung, mit der du den Mund auspinseln musst, tut dir gut. Du liegst nur im Bett und willst weder etwas hören noch sehen, du musst wirklich große Schmerzen haben. „Stehaufmännchen" nenne ich dich, als du nach einer Woche wieder herumhüpfst. Tapfer erträgst du stets deine Schmerzen, ich muss dich bewundern. Abends beten wir immer gemeinsam für Kraft, die der liebe Gott uns weiterhin geben soll. Wir danken ihm für seine Hilfe, die er uns stets zukommen lässt, letztlich ist uns das wieder in der Klinik einmal zuteil geworden. Da halte ich die ganze Nacht deine Hand und plötzlich spürte ich Nässe und Kälte im Bett. Mit der Taschenlampe leuchtete ich und musste mit Entsetzen feststellen, dass sich der rote Verschluss von der Leitung gelöst hat. Das Blut quillt aus der Leitung wie aus einem Wasserhahn. Meinem leichten Schlaf verdanke ich die schnelle Reaktion. Wir haben Gott sehr für seinen Schutz zu danken, und das vergessen wir auch nicht.

Deine Werte steigen und nun kommt die siebte Chemo – Halbzeit

Es sind lange, mühsame fünf Chemotage. Du bekommst Fieber. Ein Darminfekt verbunden mit Durchfall. Man hängt dir gleich wieder ein Antibiotikum an und somit verlängert sich der Spitalsaufenthalt um eine Woche. Die Zeit vergeht sehr schleppend, denn du bist sehr schwach und liegst fast die ganze Zeit im Bett. Unzählige Bilderbücher lese ich dir vor, gibt es noch ein Bilderbuch auf der Station, das ich nicht gelesen habe? Der Fernseher im Zimmer ist eine willkommene Abwechslung und eine Entlastung für mich. Die Schule ist nächste Woche aus und ich hoffe, dass wir bis dahin zu Hause sind. Ich möchte mich von Mike verabschieden. Schweren Herzens und nach langen Gesprächen mit ihm entscheiden wir uns dafür, dass er den Sommer mit unserer Nachbarin auf der Alm verbringt. Endlich – Laras Fieber und Entzündungswerte sinken, und wir sind pünktlich zu Mikes Schulschluss zu Hause. Unendlich schwer fällt es mir, deine Taschen für drei Monate zu packen. Wie wirst du das schaffen mit deinen sechs Jahren? Mir bleibt leider keine andere Wahl! Was soll ich machen, wenn Lara das nächste Mal Fieber bekommt und wir wieder nach Innsbruck müssen. Wo soll ich dann hin mit Mike? Daniel hat viel mit seiner Arbeit zu tun, und unser Dorf ist voller Touristen, deshalb haben auch alle meine Freundinnen viel zu tun. Ich übergebe dich vertrauensvoll einer liebe Nachbarin und ihren Mann, mit dem Versprechen, dich bald zu besuchen. Das ist eine so nette Familie, mit ihren drei Jungs fahren sie ab. Diese Woche ist eine der schrecklichsten für mich. Mein Herz ist zerrissen und ich habe solche Sehnsucht nach Mike. Lara macht mir noch zusätzlich Vorwürfe, weil ich ihn fortgeschickt habe, nun hat sie gar niemanden mehr zum Spielen. All die Schulkinder in den Ferien tummeln sich auf unserer Straße. Fröhliche Radfahrer genießen das Spiel mit Freunden. Vom Balkon aus kann Lara sie sehen und fragt: „Warum kann ich nicht auch untern mit denen spielen?“ Aber mit Laras schlechten Werten zur Zeit traue ich mich nicht einmal mehr in den Garten. Zorn und Verbitterung steigen in mir hoch. Ja, warum kann Lara nicht

da unten spielen, einfach gesund sein wie die anderen Kinder? Unbeschwert und fröhlich sein, wie man es eben mit vier Jahren sein sollte? Nicht mit Spritzen und Krankenhausaufenthalten den Tag verbringen! Unsere Stimmung ist sehr schlecht. Ich hadere mit Gott und bin unzufrieden und muffig. Bis zur nächsten Chemo Nummer 8, als wir wieder fahren müssen, wird mir bewusst, wie gut es ist, dass Mike versorgt und auf der Alm gut aufgehoben ist.
Das „Kopfstechen" wird immer mehr zum Martyrium. Lara wehrt sich immer mehr. Nun sind wir schon zu dritt, die wir dich auf den Untersuchungstisch „niederdrücken", und das jeden Tag zweimal. Ganz abgesehen vom Schmerz, den sie dir damit antun, denke ich daran, ob du nicht Schäden davonträgst. Soviel Chemo in die Gehirnflüssigkeit spritzen muss sich doch später mit Ausfällen bemerkbar machen. Ein Gespräch mit den Ärzten verschafft mir Klarheit. „Wenn wir diese Therapie im Kopf nicht machen würden, müsste Lara vielleicht noch zusätzlich bestrahlt werden, und das wäre für das kindliche Gehirn sehr belastend." Lara ist ja erst vier Jahre alt, und die Ärzte möchten von einer Bestrahlung absehen. So bete ich zu Gott, dass nach der zwölften Chemo kein Resttumor mehr vorhanden ist, so könnte man Lara die Bestrahlungen ersparen. Gott hilft uns sicher.

Diese vierzehn Tage Pause sind sehr mühsam. Laras Leukos sinken gleich drei Tage nach der Therapie auf hundert. Jeden zweiten Tag haben wir eine Visite in Bozen mit Blutprobe. Wenn wir uns nach außen trauen, ist Lara stets mit einem Mundschutz „bewaffnet". Schon der kleinste Infekt kann für sie bedrohlich werden. Auf 2.500 müssen die Leukos steigen, erst dann kann man die nächste Chemo machen. Dieses Warten darauf, dass die Zeit vergeht, ist nervlich sehr belastend. Bei diesem herrlichen Wetter müssen wir im Haus bleiben, es ist fast unzumutbar. Unser einziger Lichtblick ist der Abend, wenn weniger Menschen auf der Straße sind und es auch nicht mehr so heiß ist. Lara verträgt die Hitze nur mehr schwer. Am Abend aber können wir zu meiner besten Freundin Veronika gehen. Sie hat ein Schwimmbad, und wenn abends die Gäste weniger werden, können wir zu Besuch kommen. Lara sitzt im Gras und genießt die noch warme Abendsonne, und ich drehe meine Runden im Schwimmbad. Geduldig wartet sie auf mich und gönnt mir gerne diese „Auszeit". Ich tanke Kraft und es tut mir so gut. Tief Luft holen – für die bevorstehenden Tage im Krankenhaus.

Lara mit meinem Patenkind Simon

Noch eine Woche länger als geplant dauert das Warten auf die steigenden Leukos. Nun endlich, drei Wochen später, brechen wir zur neunten Chemotherapie auf. Lara erträgt alles so mutig und tapfer, weil sie endlich wieder gesund werden will. Die Chemos will sie so schnell als möglich hinter sich bringen, so dass sie wieder in den Kindergarten gehen kann. Heute holen sie dich zum Kopfstechen während ich zum Essen in der Mensa bin. Stolz verkündest du mir, dass du keinen einzigen Pips von dir gegeben hast. Diese Wendung! Wie froh bin ich darüber und lobe dich sehr. Wenn das alles vorüber ist, bekommst du eine Belohnung, das verspreche ich dir. Aber schon gleich am nächsten Tag verlässt dich wieder die große Tapferkeit, du brüllst, so müssen wir dich wieder mit vereinten Kräften festhalten. Du schimpfst ganz fest: „Warum muss gerade ich diesen Scheiß- Krebs haben". Wie recht du doch hast und wie froh ich bin, dass du das auch mal aussprechen kannst. Mich wunderte schon dein geduldiges Ertragen.

Endlich wieder heim. Dieses Wörtchen Heimat hat für uns einen riesigen Stellenwert bekommen. Jedes Mal, wenn das Rettungsauto an der Grenze vorbeifährt, nehmen wir das Schild mit den vielen Sternen, die einen Kreis bilden, wahr. In der Mitte die Aufschrift ITALIA, Lara lächelt jedes Mal und freut sich auf zu Hause. Wohlwissend, dass in spätestens fünf bis sechs Tagen wieder Fieber auftritt – hoffen wir doch jedes Mal auf ein kleines Wunder – dass es vielleicht diesmal nicht kommen möge.
Wir haben gelernt, nur in den Tag hinein zu leben und ihn spontan zu genießen und voll zu nutzen. Wenn es Lara gut geht, freuen wir uns darüber, denn morgen kann es ja schon wieder anders sein. Eine Kindergartenfreundin kommt, wenn es Laras Werte zulassen, öfter zu uns nach Hause, um mit Lara zu spielen. Lara freut sich riesig darüber und es tröstet sie über die Tatsache hinweg,

Alina – eine Freundin mit Herz

dass ihr Bruder zurzeit fehlt. Ich muss diesem kleinen Mädchen Respekt aussprechen. Trotz Laras verändertem Aussehen, das auf manche erschreckend wirkt, spielt sie unbeschwert und sorglos mit Lara und hält ihr die Treue.

Die ständigen Blutproben, jeden zweiten Tag, verraten uns, dass die Leukos wieder auf 100 gesunken sind. So wird das nächste Fieber wieder ganz nah sein. Laras Abwehr ist wieder auf den Tiefpunkt gesunken und, noch nicht fertig gedacht, sitzen wir schon wieder Richtung Innsbruck im Rettungsauto. Heute am 6. Tag nach der Chemo hast du schon wieder Fieber. Der Mund ist wieder voller Eiterflecken und es schmerzt dich sehr. Wegen des ständigen Fiebers entschließt man sich nun zusätzlich zum Antibiotikum einen „Wachstumsfalter", das Neupogenn zu spritzen. Es beschleunigt die Bildung der weißen Blutkörperchen. Diese Zeit mit Fieber ist so nervig und geht stark an unsere Substanz. Lara macht Antibiotikum immer sehr aggressiv und ich habe nicht mehr viel Geduld, das auch noch zu ertragen.
Schleppend vergehen wieder vierzehn Tage „vergeudete" Krankenhauszeit. Die sommerliche Hitze macht sich breit. Andere Menschen kühlen sich im Schwimmbad ab und wir sperren die Sonne mit Rollos hinaus. Jeden Tag, wenn ich die Rollos schließe, damit unsere Zimmer kühl bleiben, sehe ich gegenüber in die Psychiatrie. Ich denke, so bei mir etwas scherzend: „Hoffentlich komme ich nicht bald auf diese Abteilung. So könnten wir uns zuwinken," sage ich zu Lara. „Mama", kommentiert Lara schimpfend, „du schaffst das schon, wenn ich das schaffe!" Ja, wie recht du doch hast. Du bist so tapfer und kämpfst um dein Leben so sehr, also muss auch ich stark bleiben. Aber ich bin gesund. Nur manchmal komme ich mir auch so krank vor. Überall tut es mir weh, vom ständigen Herumsitzen und Herumliegen. Man hat ja keine Bewegung, so eine Turngruppe auf der Station wäre der Hit! Meine Füße, wenn ich nach dem Essen schnell meine tägliche Runde zur Kirche mache, sind schwer wie Blei und können mich fast nicht mehr tragen. Die Sorgen erschweren Herz, Kopf und Glieder. Nun endlich, die Werte sind für die nächste Chemo in Ordnung und es wird gleich nach fünf Tagen Chemo Nr. 10 angehängt. Nach fast drei Wochen fahren wir wieder nach Hause.

Ein Lichtblick, das kommende Wochenende gehe ich zu Mike auf die Alm. Laras Opa und Oma nehmen dich in Aufsicht. Das ist gar nicht so einfach, jemanden zu finden, aber sie haben sich bereit erklärt, diese Aufgabe zu übernehmen. Lara ist nach den Chemos immer sehr schwach und erbricht häufig. Man kann sie kaum alleine lassen, denn wenn sie sich übergeben muss, schafft sie es selten alleine bis zur Toilette. Man muss sie schnell hintragen. Sie ist auch alleine zu schwach, um zu gehen. So zwei bis drei Tage geht das so, bis Lara wieder zu Kräften kommt. Danach kann sie wieder drei Tage Kraft und Mut schöpfen, dann kommt wieder das nächste Fieber. Deshalb muss ich gleich fahren, um keine Zeit zu verlieren. Wie sehr freut sich Mike über unser Wiedersehen! Er ist mir den halben Weg entgegengelaufen, weinend fallen wir uns in die Arme und können uns gar nicht mehr loslassen, so sehr habe ich dich vermisst. Es geht dir gut hier, sagst du, aber am Abend im Bett musst du immer weinen, weil ich dir so sehr fehle. Heute Abend nicht, das verspreche ich dir, weil ich heute Abend in deinem Bett schlafe. Mike ist überglücklich über diese Nachricht und springt den Weg mit mir so schnell bergauf, dass ich ihm fast nicht folgen kann. Ich werde so nett in dieser Familie aufgenommen und genieße die Zeit in der Natur, die Berge sind meine große Leidenschaft. Mike zeigt mir seine geheimen Plätze, die er erkundet hat. Man kann die Murmeltiere beobachten, sie pfeifen hören. „Mama, wenn du mir ganz fest fehlst, dann komme ich hier her. Die Murmeltiere lenken mich ab und die Zeit vergeht ganz schnell." Diese Worte zu hören, schmerzt mein Herz. Aber ich darf das nicht zu nahe an mich heranlassen. Ich habe keine andere Wahl und bin froh, dass Mike hier so gut aufgehoben ist. Ich habe diese Entscheidung sehr schwer getroffen, dich wegzugeben. Nun muss ich dazu stehen und dir Mut zum Durchhalten zusprechen. Mike fragt mich aber gar nicht danach, ihn mit nach Hause zu nehmen, allzu genau weiß er, dass ich mit Lara so oft im Krankenhaus bin. Ich kann in der Natur total abschalten, all die Gedanken, die mich sonst so sehr belasten, kann ich hier vergessen. Meine sonst so schweren Füße tragen mich heute leicht den Berg hinauf. Jedes Fleckchen zeigst du mir, das du schon entdeckt hast. Heute Nacht kuscheln wir ganz eng zusammen und reden noch bis spät in die Nacht hinein. Nach dem ausgedehnten Frühstück auf der Terrasse brechen wir zwei zu unserer Wanderung auf. Wie herrlich kann das Leben sein. Sorglos wandern wir den steilen Weg bergauf, wo wir dann am Gipfelkreuz unseren Proviant aus dem Rucksack verspeisen. Worte sind nicht mehr nötig, ich kann nur mehr dasitzen und den Rundblick genießen. Ich sauge alles in mich auf, ach, könnte doch jetzt die Zeit stillstehen! Aber schon bald naht der Abend und ich muss zurück zu Lara. Mike steht am Gartenzaun und winkt mir noch lange nach. Weinend, nein, laut schluchzend gehe ich wieder den Berg hinunter ins Tal zum Auto, fahre zu Lara. Gut versorgt nehme ich sie in den Arm und sehe sie gut gelaunt. Sie hat die Tage bei Opa und Oma genossen und die beiden haben sie sehr verwöhnt. Ein herzliches Dankeschön zum Abschied und ich nehme Lara wieder mit nach Hause.

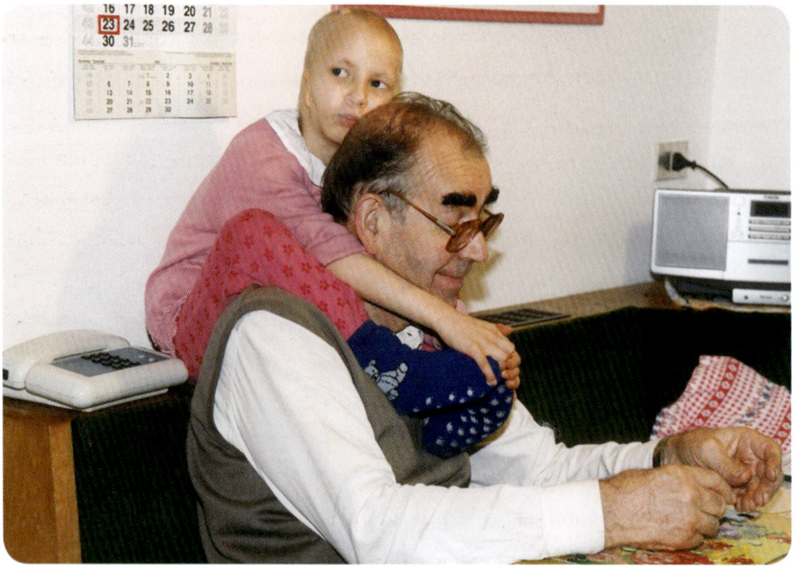

Schöne Stunden mit Opa Sigi

Dieser Abstand hat mir gut getan und ich habe wieder Kraft getankt.

Durch die Neupogenn-Spritze, die Lara in Bozen bekommt, hilft man den weißen Blutkörperchen auf die Beine, deine sind wieder auf 100 gesunken. Es wird immer mühsamer mit diesen Blutwerten für Lara. Auch das Hb sinkt jedes Mal stark und muss mit Bluttransfusionen erhöht werden. Drei Wochen bis die Leukos steigen, ständige Blutproben und Visiten prägen unseren Aufenthalt zu Hause. Nun endlich Start zur elften Chemo. Dort angekommen, treffe ich im Flur eine Mutti mit ihrem Jungen. Wir sind öfter im selben Zimmer gewesen, aber er hatte die Chemos schon längst fertig. „Rückfall", sagt sie mit Tränen in den Augen. Für mich ein neues Wort und ein unbekanntes Thema. Man habe im Rückenmark erneut einen Tumor gefunden, jetzt muss man erst über den weiteren Therapieverlauf entscheiden. Wir Muttis haben Angst um unsere Kinder und sitzen alle im selben Boot, das schweißt uns zusammen, und gute Freundschaften von gleich Betroffenen bauen auf und geben Halt. Das war nun der vierte Rückfall in sieben Monaten auf dieser Station von Kindern, die ich kennen gelernt habe. Betrifft es uns auch? Ich will gar nicht daran denken und schiebe es weit weg.
Die elfte Chemo wird begonnen und Laras Körper ist schon arg schwach. Sie kämpft mühsam jeden Tag weiter. Das ist fast nicht mehr mit anzusehen. Die Nierentasse ist ständig mit Erbrochenem gefüllt und ihre Füße zu schwach um aufzustehen. Ich spreche Lara Mut zu, „ich kann nicht mehr", sagt Lara zu mir. Ich vertröste sie damit, dass das ihre vorletzte Chemo ist. Nach der 12. Chemo wird ein MRI gemacht, um zu sehen, ob noch ein Resttumor vorhanden ist. Wieder treffe ich eine Mammi, die ein schwaches Kind huckepack über die Treppe heraufträgt. Sie ist schon länger fertig, wir haben aber öfter das Zimmer geteilt. Mama sagt, „wir holen nur Blutplättchen, dann sind wir wieder weg." „Sie ist schwach, das wird wohl am schlechten Blutbild liegen", meint diese Mutti. Sie wird nicht auf der Station aufgenommen, was nicht immer Gutes bedeutet. Am Abend habe ich das Mädchen fast schon aus meinen Gedanken verdrängt, weil ich mit Lara ihre Geburtstagsfeier plane. Morgen wird sie fünf Jahre alt und wir backen einen Kuchen. Lara sitzt in der Stationsküche und hilft mir, den Teig in die Form zu füllen. „Der Schokoladekuchen ist le-

cker“, und wir klopfen am nächsten Tag an die Türen der Zimmer, wer wohl mit uns ein wenig feiern möchte. Viele Kinder sind zu schwach um aufzustehen. So stehlen sich einige Muttis kurz weg, um Lara zu gratulieren. Die Ärzte stehen gemeinsam mit einem „Big Jim“, dem Mann für ihre Barbiepuppe, bei der Visite vor ihr. Kindergärtnerin Renate und Lehrerin Ursula singen noch ein Ständchen für das Geburtstagskind.

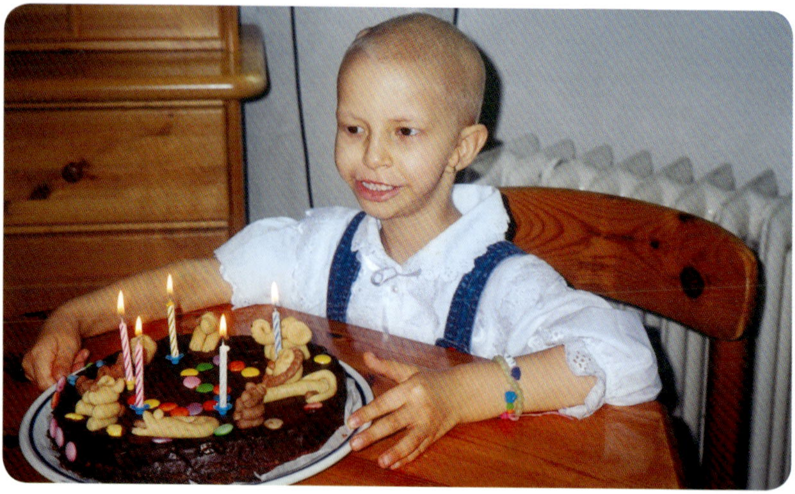

Mein 5. Geburtstag – leider auf Station

Renate und Ursula singen ein Ständchen

Nach der Feier frage ich eine Schwester, wie es wohl dem Mädchen geht, das gestern gekommen ist und nicht hier auf Station ist. Sie sagt: „Sie ist auf der Intensivstation und leider verstorben." Mir sperrt es die Luft weg und ich muss ins Freie laufen. Wie schnell das geht. Gestern noch habe ich sie gesehen, noch zuversichtlich in die Zukunft blickend. Heute ist ihre Hoffnung vorbei, und auch all das Leid. Was hat sie mitgemacht und wofür hat sie gekämpft? Wann wird es Lara treffen? Das verstorbene Mädchen hatte einen Infekt im Darm, den es nicht mehr abwehren konnte. Ich will nichts mehr hören, ich will nur noch heim. Wann wird es Lara treffen?
Zu Hause bin ich sehr nervös. Ständig habe ich dieses Mädchen vor Augen. Ich schaffe es nicht, zum Begräbnis zu gehen, ich schiebe es weit weg von mir und will es nicht wahrhaben. Es tut mir aber lange Zeit noch unendlich leid, dass ich mich nicht von ihr verabschieden konnte.
Lara ist sehr müde und schlapp. Ich muss sie zu den Blutproben meist im Rollstuhl fahren. Wie lange schafft sie es noch? Sie ist mut- und kraftlos. Auch meine Reserven sind aufgebraucht und das schlägt sich auf unsere Stimmung nieder. Andere tummeln sich bei der Augusthitze im Schwimmbad oder suchen die kühle Bergluft. Wir sind zu Hause wie in einem Gefängnis. Das Leben geht an uns vorbei, es nimmt keine Notiz mehr von uns. Laras Werte lassen nicht einmal mehr unseren abendlichen Ausflug zu meiner Freundin zum Schwimmen zu. Mit Mundschutz bewaffnet können wir jeden zweiten Tag zur Bluttransfusion. Lara bekommt wieder das Neupogen gespritzt, das die Leukos ankurbeln soll. Ich bin froh darüber, weil es so weitergeht und ein Ende bald in Sicht ist.

Chemo Nr. 12 kann planmäßig beginnen, wie geht es dann weiter? Die Ärzte beraten sich und beschließen. Danach wird eine Magnetresonanz gemacht. Wenn kein Resttumor vorhanden ist, kann man von Bestrahlung absehen. Lara ist noch sehr jung, man versucht, Bestrahlung zu vermeiden.
Je nach Befund wird entschieden: wenn noch Tumor vorhanden ist, dann Bestrahlung, ansonsten noch vier Chemo von je vier Tagen, aber ohne Kopfste-

chen. Oh! Ein Lichtblick! Dieses Martyrium Kopfstechen geht mit diesen Tagen zu Ende, Lara macht einen rieseigen Freudensprung, als sie das hört. Ich gehe gleich los und kaufe ihr für ihre fast hundertmal Stechen eine Belohnung. Ein Katzenohrring erinnert uns daran. Wir hoffen und beten, dass das MRI gut ausgeht, das wir heute eine Woche nach der Therapie machen. Wir sind zuversichtlich und vertrauen auf Gottes Hilfe.

Die Zeit zu Hause verheißt uns diesmal eine Riesenfreude. Mike kommt von der Alm zurück. Es sind nur noch zwei Wochen bis zum Schulbeginn. Lara freut sich so sehr auf Mike, sie zeigt sich von ihrer besten Seite. Wir genießen diese Zeit. Lara spielt den ganzen Tag mit Mike. Ihre Übelkeit und Müdigkeit sind mit Mikes Ankunft verschwunden. Er lenkt sie ab, macht ihr Mut und schenkt ihr schöne Stunden. Wir feiern Laras Geburtstag in kleinem Familienkreis nach. Sie genießt ihre Tanten und Onkel mit all den Cousinen, Omas und Opas. Das Fest kostet Lara zur Gänze aus, alle lassen sie hochleben. Diese drei Wochen Pause könnten nie enden für uns.

Ich rede viel mit Mike und versuche seine tausend Fragen, die er im Sommer über unbeantwortet mit sich herumgetragen hat, zu beantworten. Die Angst, die er um seine Schwester hat, ist stark zu spüren. Trotz der vielen Entbehrungen liebt Mike seine Schwester und möchte sie nicht verlieren. Ich hoffe, dass ich meinen Sohn nicht belüge, wenn ich ihm sage, dass Lara es schaffen wird.

Die Schule geht los und ich versuche, die neuen Anforderungen zu bewältigen. Die drei Wochen vergingen wie im Flug und mit Tränen in den Augen verabschieden wir uns am Morgen, wenn uns der Krankentransport wieder in die Klinik bringt. Chemo Nr. 13 steht an, hoffentlich keine Unglückszahl. Nein, dem scheint nicht so. Lara möchte, dass diese Tage so schnell als möglich vergehen, damit sie wieder zu ihrem Bruder nach Hause kann. Tapfer erträgt sie wieder dieses „Übel“ und hat nur die Zeit vor Augen, bis wir wieder zu Hause sind. Tatsächlich scheint diese Chemo schneller zu enden als die anderen und wir treten wieder unseren Heimweg an, immer wieder Taschen einpacken und wieder auspacken. Mir graut schon beim bloßen Gedanken daran. Ich kann

nicht mehr und will nicht mehr. Meine Kräfte scheinen sich dem Ende zu neigen. Auch jetzt, wo Mike wieder zu Hause ist, fällt mir der Gedanke an die nächste Chemo unendlich schwer. Dreimal wöchentlich Blutproben und Visiten nehmen mir zu Hause viel Zeit und Kraft weg. Ich merke, wie schwierig es ist, sich um noch ein Kind zu kümmern. Lara nimmt mich so viel in Anspruch, dass kaum Platz für ein anderes Kind ist.
Ich bin unendlich dankbar meiner lieben Nachbarin und ihrem Mann, dass sie sich den Sommer über um Mike gekümmert haben. Ich hätte das zu Hause niemals geschafft. Lara erbricht viel und ist sehr schwach, sie braucht wieder einmal Zeit, um zu Kräften zu kommen. Wie schafft sie das nur jedes Mal, wieder aus diesem Loch herauszufinden, stets neue Kräfte und Mut zu mobilisieren. Eine Woche sind wir nun zu Hause, und am Sonntagmorgen, „Mama, Durst!". Meine Hand auf Laras Stirn verrät mir, dass sie wieder Fieber hat. „Hohes Fieber!", das fühle ich sofort, springe aus dem Bett, um einen Krankentransport zu bekommen. Normalerweise bestellt man die einen Tag vorher, aber bei Lara ist das ja anders, man hat mich noch nie vertröstet. Prompt steht uns nach jedem Anruf ein Transport zur Verfügung. Ich schätze dies sehr und kann mich beim Rettungsdienst nicht genug dankbar zeigen. Wieder muss ich mich unvorbereitet von Mike verabschieden. Das hohe Fieber hält für vier Tage an, bis endlich das Antibiotikum zu wirken scheint. Lara hat einen Virus im Darm – denselben, an dem das Mädchen im Sommer gestorben ist. Ein Virus, das normalerweise während der Chemo tödlich endet. Aber Lara hat es wieder geschafft, ihr Heer an Schutzengeln steht ihr ständig bei.

Ein Gespräch mit dem Primar ermutigt mich, wieder weiterzukämpfen. Ich habe Angst, dass Lara jede weitere Therapie nicht mehr schaffen könnte und möchte sie abbrechen. Ich bitte um ein Gespräch, und nach Einsicht der Unterlagen unterbreitet man mir diese Tatsachen. Laras Erkrankung ist nur bei einem Drittel der Betroffenen heilbar, deshalb muss mich der Arzt zur Fortsetzung der Therapie ermutigen. Man werde die Chemo aber um einen Tag kürzen und zusätzlich das Neupogen für die Bildung der weißen Blutkörperchen

spritzen. Laras Körper schafft es nicht mehr von alleine, diese aufzubauen. Ich muss neuen Mut und Vertrauen sammeln für die nächsten drei Chemos. Chemo Nr. 14 wird nach zehn Tagen Krankenhaus verabreicht und schnell fahren wir wieder nach Hause.
Meine Abwesenheit schlägt sich in Mikes Aggressionen nieder. Das halte ich neben den ganzen anderen Belastungen fast nicht aus. Ich verstehe ihn ja, aber ich habe einfach keine andere Wahl. Sätze wie „warum habe ich nicht den Krebs bekommen, das wäre mir lieber" erschrecken mich und machen mir die Ernsthaftigkeit der Situation sichtbar. Geschwisterkinder sind stark suizidgefährdet. Immer wieder machen Ärzte und Psychologen auf diese Tatsache aufmerksam. Aber wie kann ich dem Problem entgegensteuern? Mike wird ja von seinem Vater betreut in der Zeit, in der ich mit Lara in der Klinik bin. Aber seine kindliche Eifersucht treibt ihn zu ernsthaften Ausbrüchen. Er bräuchte viel Mama, um von seinem Zustand zu heilen. Aber die Erkrankung Laras lässt für ein Geschwisterkind keinen Platz. Auf der Station bemüht man sich, einen Rehaurlaub für Laras Familie zu bekommen. Man sichert uns drei Wochen im nächsten Sommer im Schwarzwald in einer Rehaklinik zu. Ich kann Mike etwas vertrösten, dass wir den Urlaub gemeinsam verbringen werden und dass ich da viel Zeit für ihn haben werde.

Bitte, lieber Gott, hilf uns, dass Lara in dieser Zeit zu Hause kein Fieber bekommt. Lara erhält die Spritze, die die Leukos ankurbelt. Ich hoffe sehr, dass sie wirkt und wir diesmal etwas zur Ruhe kommen können. Drei Wochen Pause hat Lara wieder, hoffe und bete dass sie ohne Fieber bleibt. Die Erholungsphase ist wieder sehr mühsam für Lara. Mir kommt es jedes Mal vor wie die Besteigung eines hohen Berges. Mit welcher Kraft sie sich jedes Mal nach oben kämpft, Ausdauervermögen hat sie! Welch ein Glück, denke ich stets, sonst hätte sie wohl schon längst das Handtuch geworfen. Unser Beten wurde erhört und Lara tritt die Fahrt mit stolzen 1300 Leukos ohne Fieberintermezzo an.

Mit welcher Kraft und mit welchem Mut gehst du diese vorletzte Chemo an! Es ist vier Tage vor Heilig Abend. Mit viel Glück, wenn alles gut geht, könnten wir genau am Heiligen Abend nach Hause. Lara sagt, sie wird ihr Bestes geben und sie will alles gut machen, damit wir ja das Christkind zu Hause nicht verpassen. Hoffentlich kann Lara halten, was sie verspricht. Von vorweihnachtlichem Stress bekommt man auf dieser Station nichts mit. Hier gelten andere Wünsche, jeder ist noch so klein im Vergleich zum Wunsch, wieder gesund zu sein.

Ein großer Christbaum schmückt den Flur, und Glitzersterne, von den Kindern gebastelt. Es herrscht eine ruhige vorweihnachtliche Stimmung, von der wir uns gerne anstecken lassen. Sie lenkt uns von dem inneren Druck ab: schaffen wir es bis Heiligabend oder nicht? Lara gibt wirklich ihr Bestes, mehr geht nicht. Die Vorfreude auf das Christkind lässt sie das alles hier nochmals ertragen, es ist ja das vorletzte Mal. Kann das wirklich wahr sein? Wie haben wir nur all diese Zeit die Kraft gehabt, das alles auszuhalten? Ja, ich weiß, die Kraft kommt von oben!

Genau am Heiligen Abend sitzen wir im Rettungsauto und treten die Heimreise an. Im Kofferraum versteckt die Schultasche, die Lara sich zu Weihnachten wünscht.

Das Christkind kommt, wir haben es nicht versäumt und wir feiern alle gemeinsam Weihnachten. Auch dein Tatta kommt um mit uns zu feiern und beim „Stille Nacht“ – Lied ist es gut, dass es ganz dunkel ist, denn meine Tränen sind nicht mehr aufzuhalten. Die Weihnachtsferien kommen uns entgegen. Lara muss sich wieder „aufrappeln“ und zu Kräften kommen. Aber mein Versprechen, einen Rodelausflug zu machen, spornt sie an und sie kämpft kräftig mit. Sie erhält wieder die Spritze, die die weißen Blutkörperchen ankurbelt. Kommen wir ohne Fieber durch? Nein, wieder müssen wir für eine Woche nach Innsbruck zur Antibiotikatherapie. Dein ganzer Mund ist voller Eiterblasen. Du kannst wieder nichts essen und das Trinken ist nur mit Strohhalm möglich. Mike hat während der Ferien einen Skikurs begonnen und er hofft

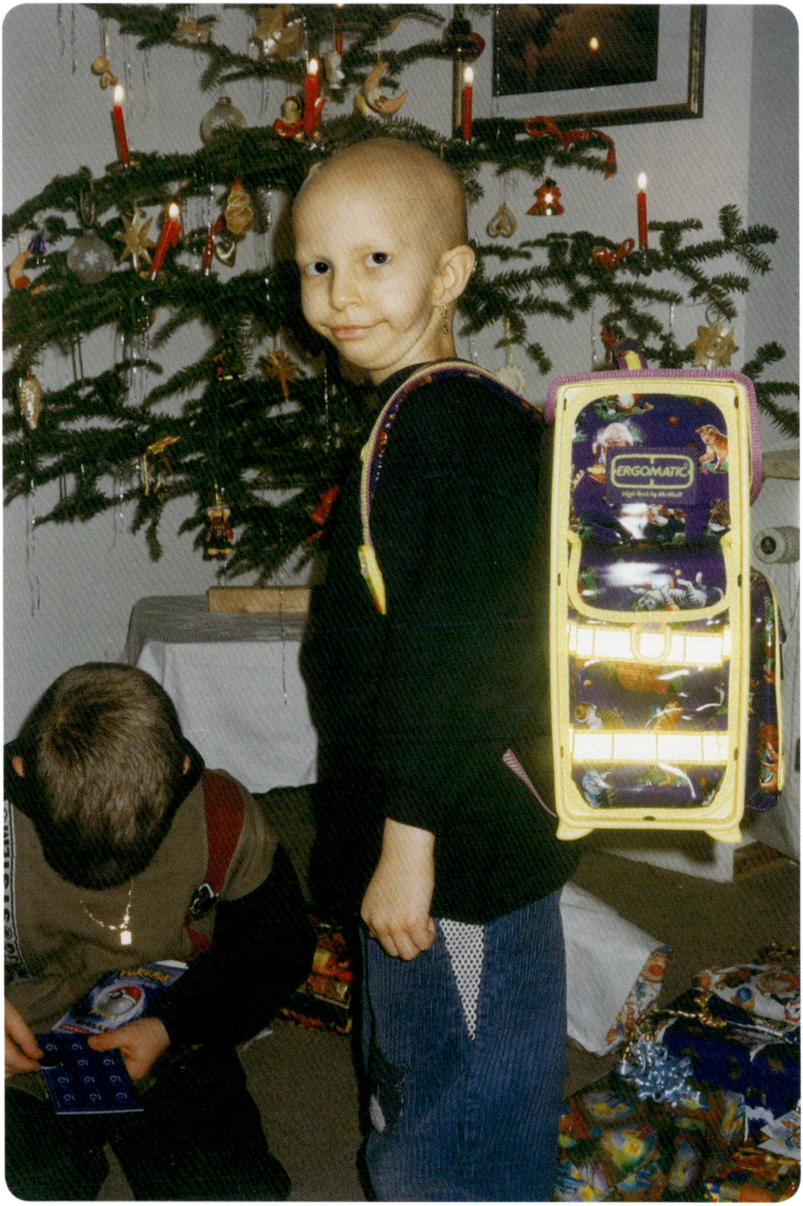

Wann darf ich endlich zur Schule?

so sehr, dass ich mir das Abschlussrennen ansehen kann. Wieder muss ich ihn enttäuschen und kann an diesem für ihn so wichtigen Tag nicht dabei sein. Es macht mich sehr traurig, dass du in deinem jungen Leben so viele Entbehrungen hinnehmen musst. Andere tummeln sich in den Ferien auf Skipisten und Rodelbahnen, auch Lara konnte ihren Wunsch – einen Rodelausflug – nicht einlösen. Statt Schnee und Sonnenschein: Krankenhaus. Aus einer Woche wurden wieder zehn Tage Therapie, weil die Flecken nur sehr langsam abklingen. Jeder Tag mehr ist eine unvorstellbare Herausforderung für uns geworden. Mit größter Kraft versuche ich mit Lara den Tagen trotzdem noch etwas Gutes abzugewinnen. Laras Stimmung hängt ja stets von meiner ab, und die befindet sich auch auf sehr wackeligen Beinen. Ich habe sehr viel Kraft vererbt bekommen. Meine Mutter hat mich schon von Kind an gelehrt, nie den Mut zu verlieren und den Blick stets nach oben und vorne zu richten. Diese vererbte Anlage kommt mir zugute und ich bin überzeugt, dass auch Lara dies von ihrer Mutter mitnehmen durfte. Aber es zieht sich, und das nahe Ende lässt doch ein Lächeln in den so schwierigen Alltag einfließen. Die Ferien sind schon längst wieder vorbei, Schule hat wieder begonnen und wir sind immer noch da. Aber diesmal entlässt man uns für eine vierwöchige Pause nach Hause. Lara soll sich für ihre letzte Chemotherapie gut erholen.

Schon eigenartig, wenn es ihr dann wieder richtig gut geht muss man wieder etwas tun, dass es ihr wieder schlecht geht. Die Wochen vergehen und Lara hat viel Kraft gesammelt, und um sie ihr wieder zu rauben, fahren wir wieder Richtung Klinik. Chemo Nr. 16 steht auf dem Plan, wird sie diese noch schaffen? Eine innere Unruhe ist bei uns zu spüren und ich kann sie auch nicht mehr vor Lara verstecken. In all der langen Zeit – fast ein Jahr – sind wir sehr zusammengewachsen. Unserer Einheit bleibt kaum ein Gedanke oder Gefühl verborgen. Wir haben aber auch gelernt, sie gegenseitig anzunehmen. Wenn es dem einen oder anderen von uns schlecht erging, durfte er das auch zeigen und ausleben. Der andere ertrug das einfach.

Blutwerte und klinischer Zustand sind gut. Augen- und Hörtest, die nach jeder Therapie gemacht werden, gleichbleibend – also Start zur nächsten und zwar zur letzten Chemo! Das Gefühl, als ob Weihnachten und Ostern gleichzeitig wäre – unbeschreiblich. Freude und Erleichterung, als wir den Aufzug hinunter zum Rettungsauto benutzen. Ich trage Lara meistens, Lara ist zu schwach nach der Chemo. Viele Hände haben wir heute zum Abschied geschüttelt, viele Tränen sind geflossen. Ich empfinde große Dankbarkeit den Ärzten und dem gesamten Pflegepersonal gegenüber. Auch Psychologen und Beschäftigungstherapeuten so wie die Kindergartentante, die Maltherapeutin und Lehrerin trugen wesentlich zur Hilfe und Erleichterung auf dieser Station bei. Auch „Bella", der Trommler der zeitweise vorbeikommt und den Kindern die Möglichkeit gibt, mit den Trommelschlägen Aggressionen abzubauen. Zufällig kam er gestern vorbei und Lara haute kräftig auf die Trommel. Fenster und Türen hielten wir verschlossen, gut hat es ihr getan und man spürte die Notwendigkeit des Kindes, ihren Zustand mitzuteilen. Wir sitzen im Rettungsauto und können es gar nicht fassen. Die Ärzte ließen uns gehen mit vielen Glückwünschen. Das MRI im Anschluss dieser letzten Chemo wird zeigen, ob noch Resttumor vorhanden ist oder nicht. Wenn nicht, dann werden Lara die Bestrahlungen erspart. Wir wollen ganz zuversichtlich sein und lassen keinen schlimmen Gedanken an uns heran, wir sind so glücklich!

Mit Trommler Bella

Keine Taschen mehr ein- und auspacken, keine überraschenden Aufbrüche wegen dem Fieber mehr. Ja, eines wird wohl noch kommen. Nach der Chemo müssen wir uns auf ein Fieber gefasst machen . Aber abgesehen davon keine Chemotherapie mehr. Ich könnte am liebsten laut schreien. Geht nicht im Rettungswagen. Aber weinen kann ich, denn Lara schläft ein und ich kann meine Tränen nicht mehr aufhalten. Freude und Erschöpfung in mir! Fast ein Jahr lang hat dieser Alptraum gedauert, nun ist er zu Ende. Ich habe in all der Zeit meine Wünsche und Erwartungen auf Null heruntergeschraubt. Nur Lara war mir wichtig, dass sie wieder gesund wird! Nun muss ich wieder lernen zu leben - was ist das? Manchmal kommt mir vor, als atme ich gar nicht mehr. Und nun soll ich leben. Ich nehme mir fest vor, auf mich zu achten und wieder das Leben lernen.

Da wurde ich anders ...

Eine Zeit lang bewunderte ich jene ...
Die nie sagen: „ich bin müde."
Die nie klagen: „ich kann nicht mehr!"
Die nie fragen: „wer hilft mir?"
Eine Zeit lang beneidete ich jene ...
Die immer lächeln,
die alles schaffen,
die ständig geben,
die keine Tränen zulassen,
die nie jammern,
die stets selbst zurückstehen,
die rund um die Uhr zur Verfügung stehen.
Doch dann durfte ich Menschen begegnen ...
Die weinen konnten,

die um Hilfe bettelten,
die sich schwach wähnten,
die Zuwendung brauchten,
die Sinn suchten,
die wunderbar waren,
die an Erschöpfung litten,
die Fragen stellten,
die sich helfen ließen.
Heute weiß ich diese Menschen ließen mich anders werden …
Nämlich Mensch!

Franz Schmatz

Der 17. Februar 2001 naht – ein Jahr ist nun vergangen seit Laras Erkrankung. Wir sind schon wieder für zehn Tage in der Klinik. Sie hatte Fieber – diesmal wieder etwas im Darm. Aber mit Antibiotika haben die Ärzte das Fieber wieder bald im Griff und wir können bald nach Hause. Diesmal ohne: „Sehen wir uns bei der nächsten Chemo". Nein, diesmal mit einer guten Nachricht: Lara hat keinen Resttumor und braucht somit keine zusätzlichen Bestrahlungen. Wenn das kein Grund zum Feiern ist! Wir kommen nach Hause und ein großes Willkommensschild schmückt unsere Haustür. Meine Eltern und Geschwister wissen schon die gute Nachricht! „Lara ist wieder gesund!" Es soll die ganze Welt wissen, ich glaube, das tut sie auch. Wir feiern bis in den späten Abend. Mike steht in der Ecke und wird fast vergessen.

Alles dreht sich – und hat sich im vergangenen Jahr gedreht – um Lara. Sein Blick verrät mir Traurigkeit und Enttäuschung. Keine Freude ist bei ihm zu sehen. Aber auch verständlich, für Mike war das Jahr voller Entbehrungen, Enttäuschungen und Ausgeschlossensein vom Leben, vom Geschehen. Jeder bringt Geschenke mit – immer nur für Lara. Wer kommt auf die Idee, dass auch er welche braucht? Ich habe ihm zwar jedes Mal, wenn ich von der Klinik zurückkam, eine Kleinigkeit, eine Überraschung, mitgebracht. Er hat sich auch jedes Mal gefreut, aber es hat seinen Zustand nicht verändert. Dass er ohne Mammi war. Das war das Schlimmste für ihn. Aber nun, ich verspreche es dir mein Sohn, ist es ausgestanden! Nie wieder werde ich dich alleine lassen. Ich verspreche es dir. Ich will im Sommer wieder alles gut machen. Wir haben den Reha-Urlaub im Schwarzwald zugesichert bekommen und freuen uns schon sehr auf die gemeinsame Zeit.

Teil 2

Mein Körper und meine Seele erholen sich nur langsam von den erlebten Strapazen. Trotzdem fällt die Angst, dass Lara die Therapie nicht schaffen könnte, wie ein zentnerschweres Gewicht von mir: sie hat es geschafft! Stark wie ein Löwe hat sie gekämpft und ihrem Sternzeichen alle Ehre gemacht. Innerlich ziehe ich den Hut vor meiner Tochter und vor dem, was sie alles geschafft hat. Nun gilt es Lara bestmöglich zu fördern. Ich bekomme vom Kindergarten eine „Tante". Sie kommt vormittags zu uns nach Hause und spielt mit Lara. Sie ist so nett zu ihr, Lara genießt diese Zeit sehr, auch wenn es ihr die ganze Kraft abverlangt. Ich habe nun wieder Zeit für mich und muss neu anfangen, auch selber zu leben, aber kann ich das noch? Schrittweise taste ich mich voran.
Lara bekommt Physio- und Ergotherapie. Grob- und feinmotorisch ist sie sehr eingeschränkt. Beim Gehen muss sie stets geführt werden, ihr Gang wäre sonst eine Zick-Zack-Schleife. Auch ist ihre rechte Hand noch sehr zittrig und muss gezielt therapiert werden. Um ihre Seele zu stärken und wieder Freude in ihren Alltag zu bringen, gibt es Mitzi, das Haflinger Pferd bei der Reittherapie. Wir trauen uns langsam wieder unter die Leute und ein leichter Ansatz von Haaren auf dem Kopf erlaubt es Lara, nun auch ohne „Kappele" aus dem Haus zu gehen. Sie erholt sich erstaunlich schnell. Dieses „Stehaufmännchen" zeigt uns allen, wie man einer solchen Krankheit die Stirn bietet.
Mike geht zur Schule und genießt es endlich, dass wir an seinem Schulalltag teilnehmen und dass ich endlich zu Hause bin.

An der Wallfahrt nach Mantua mit der Kinderkrebshilfe Regenbogen nehme ich alleine teil. Für Lara wäre die lange Autofahrt zu anstrengend. Meine Freundin Veronika schickt mir witzelnd einen Spruch mit auf die Reise: „Lieber Gott aus Mantua, schick mir einen Mann aus Padua." Sie weiß von meinem Wunsch nach Liebe – nach einem Mann, der mich in die Arme nimmt und mich all das Erlebte vergessen lässt. Der mit mir, trotz krankem Kind, die Zukunft wagt. Ein riesengroßer Wunsch! Ich traue mich jetzt, an mich zu denken und in die Zukunft zu schauen. Ich habe ein paar Tage zuvor einen Mann kennengelernt. Aus Platzmangel setzten wir uns beim Pizza essen an einen Tisch. Wir spürten sofort eine große Vertrautheit und unsere Blicke konnten sich nicht mehr trennen…

Liebe auf den ersten Blick

Nun sitze ich in der Kirchenbank mit vielen anderen Müttern und Vätern, die ein ähnliches Schicksal mit mir teilen. Ein krankes Kind! Die meisten sind zu zweit und geben sich gegenseitig in schwierigen Zeiten Halt und Kraft. Ich sitze weinend in der Kirche und nehme nur am Rand die Messe wahr. Ich danke tausend und abertausendmal, dass es Lara geschafft hat. Dass sie wieder gesund ist, das verdanke ich Gottes Hilfe. Aber ich traue mich auch zu bitten für einen Mann, einen, der mich auch mit Tochter nimmt. Gott soll mir doch ein Zeichen schicken, wenn dieser Mann, den ich kennengelernt habe, der Richtige für mich ist … einige Zeit später merke ich meine Schwangerschaft und nehme das als „sein" Zeichen an.

Wir packen die Reisetasche

Die Schule ist aus! Diesmal ist das eine freudige Nachricht. Wir fahren in den Schwarzwald auf „Rehaurlaub". Alle vier! Ja, denn mein Baby im Bauch geht mit auf die Reise. Ich freue mich auf die Zeit mit Mike und Lara und auf die Zeit für mich. Obwohl mir die Trennung von meinem Freund sehr schwer fällt, zählt doch die Notwendigkeit, unsere kleine Familie zu festigen, mehr. Und Mike all die Zeit voller Entbehrungen des vergangenen Jahres ein bisschen vergessen zu lassen.

In einem schönen Haus mitten im Wald erwarten uns viele Erlebnisse. Lara wird in eine Rehagruppe eingeteilt. Durch spielerische Übungen werden ihre Muskeln gestärkt und Laras Gang verbessert. Mike geht in den „Planet“, eine Gruppe für Geschwisterkinder, die hier erstmals wieder im Vordergrund stehen. Die Persönlichkeit soll gestärkt werden. Alles Erlebte in der Gruppe gleich Betroffener bewältigt und vergessen werden. Mike fühlt sich gleich wohl in der Bubengruppe und verbringt die Zeit mit Spielen und Gesprächen. Auch wir Muttis werden psychologisch betreut. Beim „Basteln“ wird Erlebtes ausgetauscht und verarbeitet. Wir versuchen, den Blick in die Zukunft zu finden. Mir hat ihn der liebe Gott geschickt – unser Baby. Es lässt mich vieles vergessen und auf eine schöne Zeit hoffen.

Wir genießen die Urlaubstage sehr, wie im Fluge sind die drei Wochen vergangen. Lara ist psychisch und physisch gestärkt, Mike wieder ausgelassen und fröhlich. Zum Glück kann man vieles vergessen und wir wollen uns nicht mehr an das vergangene Jahr erinnern. Nie zurückschauen – immer nach vorne! Diesen Satz hat mir meine Mutter für das Leben mitgegeben.
Unsere kleine Familie ist nun wieder vereint, aber es stehen Veränderungen an. Wir fahren öfters nach Villnöss zu meinem Freund. Langsam tasten sich die Kinder an die neue Situation heran. Sie müssen mich nun etwas teilen, aber sie sehen mich gerne glücklich. Im Herbst wird Leo das Haus umbauen und Platz für uns alle machen.

Der fünfte August naht, Laras sechster Geburtstag. Die ganze Familie freut sich und wir feiern ein großes Fest auf einer Almhütte, auf der wir noch einige Tage Ferien verbringen. Alle freuen wir uns über Laras Gesundheit, die roten Backen, die sie von der Bergluft bekommen hat, stehen ihr gut. Ihre Haare sind gewachsen, und sie wird langsam das freche Mädchen, das sie früher war.

Doch wieder trübt eine schlimme Nachricht den heiteren Alltag. Ein lieber Junge ist gestorben. Wir haben oft gemeinsam das Zimmer geteilt und mit sei-

Fast wie Früher

ner Mammi verbindet mich eine nette Freundschaft. Weihnachten haben wir noch gemeinsam ein Foto vor dem großen Christbaum auf der Onkologie-Station gemacht, und nun hat er den Kampf verloren. Ich habe gottlob die Kraft, mich von diesem Kind zu verabschieden. Es ist nicht leicht, auf ein Begräbnis zu gehen mit dem Gedanken, wann wird es das des eigenen Kindes sein?

Die Kontrollvisite steht an. Wir verbinden die Fahrt mit einem Stadtbummel. Seit langem haben wir das Krankenhaus Innsbruck nicht mehr gesehen. Lara ist sehr gut drauf, auf der Station müssen die Ärzte und Schwestern staunen, wie gut Lara sich erholt hat. Es ist eine Freude, sie so zu sehen. Deshalb macht Lara dieses MRI heute, als ob es ein Spiel wäre, auch ich sehe sorglos zu. Bisher bin ich immer mit Lara in die Röhre gekrochen, zusammengerollt bei ihren Füßen durfte ich bei ihr sein. Sie hatte immer Angst, wenn die lauten Geräusche zu hören waren. Diesmal aber komme ich nicht mit ihr hinein, meine Schwangerschaft lässt es nicht mehr zu. Lara stört dies heute nicht und sie macht es tapfer alleine. Zuversichtlich fahren wir wieder nach Hause und denken, dass alles gut ist.
Doch gleich am nächsten Tag erreicht mich der Anruf aus Innsbruck, ich solle doch bitte kommen und nach Möglichkeit auch Laras Vater mitnehmen, sie müssten uns leider beiden etwas mitteilen.

Diese Fahrt nach Innsbruck scheint nicht zu enden. Was kann denn sein? Lara geht es doch so gut und sie schaut ja aus wie das blühende Leben, das sagen alle. Erneut ein Tumor? Wir können und wollen das nicht glauben! Nun stehen wir vor dem Bildschirm und können die Tränen nicht mehr zurückhalten. Selbe Stelle – fast gleich groß – der Tumor ist wieder im Kopf unserer Tochter! Wie kann das sein? Sie hatte doch überhaupt keine Anzeichen dafür?
Die Ärzte verstehen unsere Ratlosigkeit und für sie zählt die Tatsache am Bildschirm. Wir müssen noch eine Bild machen, zur Sicherheit. Lara legt sich also wieder in die Röhre und wir können uns vor Ort selbst von der Tatsache überzeugen – doch glauben wollen wir es trotzdem nicht. Was nun? Die Ärzte

ziehen sich zu einem Gespräch zurück und am Abend wollen sie uns Bescheid geben, wir flehen sie an, doch noch etwas für Lara zu tun.
Schaffen wir das denn noch mal? Alle? Lara – würde sie eine neue Therapie überhaupt verkraften? Und ich? Mit meinem Baby im Bauch, wie soll das gehen? Ich hatte das Gefühl, es springt mir förmlich bis zum Hals herauf, als ich voller Schrecken vor dem Bildschirm stand. Es gefällt dem Baby ganz und gar nicht, das hat es deutlich gezeigt. Wir sitzen nun mit Lara da, die Augusthitze lässt uns Schatten suchen. Wir zeigen vor Lara noch nicht unsere wahren Gefühle und Gedanken. Wir wechseln uns ab, mal geht der eine weinen, dann verschwindet der andere. Lara soll noch nichts wissen oder merken. Aber Kinder haben feine „Antennen", denn Lara kann man nicht viel verheimlichen. Sie spielt unser „Spiel" einfach mit und so warten wir auf das Gespräch.
Lara bleibt im Spielzimmer und wir gehen mit drei „weißen Kitteln" ins Gesprächzimmer gleich nebenan. Da sind wir schon mal gesessen. Könnte dieser Raum sprechen – was könnte der alles erzählen? Ich möchte das gar nicht wissen. Gleich legen die Ärzte los.
Die Behandlung und Überlebenswahrscheinlichkeit von Kindern und Jugendlichen mit einem Medulloblastom konnten in den letzten Jahren dank moderner Diagnose- und Therapieverfahren deutlich verbessert werden. Die Überlebensrate (5-Jahres-Überlebensrate) liegt heute insgesamt deutlich über 50%, bei Kindern ohne Metastasen werden Überlebensraten bis 90% erreicht. Die Behandlungsmöglichkeiten und damit auch die Prognose der Erkrankung hängen allerdings maßgeblich von Art und Ausdehnung des Tumors, dem Grad der Metastasierung und dem Lebensalter des Patienten ab. Darüber hinaus können neurologische, intellektuelle, hormonelle und psychosoziale Defizite zu einer Beeinträchtigung der Lebensqualität führen. „Wenn Lara keine Metastasen hat, bietet sich dieses Protokoll an. Im Klartext heißt das: „sofort zwei hochdosierte Chemos damit die Stammzellen von der Wirbelsäule in die periphere Blutbahn gelangen. Man kann sie sammeln und sie werden Lara dann mittels einer Transplantation wieder eingesetzt." Alles neue Begriffe – nie gehört. „Autolog-Stammzelltransplantation" nennt man das, wenn man ihre eigenen

Stammzellen verwenden kann. Wenn nicht, müsste man in der Verwandtschaft schauen, ob der Bruder als Spender geeignet ist, oder auf Fremdstammzellen von Spendern hoffen. Diese Stammzellen sammeln ist sehr anstrengend und geht nicht immer reibungslos, man müsse sehen, ob es überhaupt geht. Die Ärzte verschonen uns nicht und fahren fort. „Wenn sich der Tumor mit den zwei Therapien zurückentwickelt, kann man mit der Hochdosis Chemotherapie und anschießender Transplantation beginnen, ansonsten muss man ihn nochmals operativ entfernen." Und nach der Transplantation stehen noch sechs bis acht Wochen Bestrahlung an. Lara ist nicht vorbestrahlt, so könne man es diesmal machen. Eine Therapie, die sich ca. über ein Jahr erstreckt! Was für Sätze! Gott sei Dank haben die Ärzte fertig gesprochen, ich muss an die frische Luft. Dem Baby und mir fehlt der Sauerstoff. Ratlos und fassungslos sitze ich auf einer Parkbank und weiß nicht, wo mir der Kopf steht. Wie soll ich das nochmals schaffen? Ein Jahr lang. Und mein Baby? Ich will aber Lara nicht aufgeben, nur weil ich ein neues Kind bekomme! Ich bitte Gott um seine Kraft, wische mir die Tränen aus dem Gesicht und gehe zurück zu Lara. Die Kraft kommt von oben.
Die schönen Sonnentage werden mit einem Schlag düster und sind vergessen. Eine Woche nach dem Ärztegespräch sind wir wieder auf Station und Mike bei seinem Vater. Er kann es nicht glauben, dass alles von vorne wieder losgeht. Er weiß zu gut, wie oft er sich alleingelassen gefühlt hat. Ich rede ihm Mut zu, wobei ich selber keinen mehr habe. Aber ich lasse es mir nicht anmerken. All das Hoffen und die Tiefschläge haben mich abgehärtet. Eine starke Mauer um mich herum lässt mich nicht umfallen und ich lasse nicht mehr allzu viel an mich heran. So schütze ich mein Kind und mich unbewusst – und doch bewusst.

Fünf Tage hochdosierte Chemotherapie stehen an. Gleich schon ab dem zweiten Tag erbricht Lara ständig, sie nimmt nicht viel wahr von ihrem Umfeld. Mein Job begrenzt sich auf Nierentassen wechseln. Wo kommt bloß all das Erbrochene her, wenn Lara gar nichts isst? Alle fünf Tage lang kein Bissen und

ständig Erbrechen. Sie wird „abgestöpselt", so nennt man es, wenn die Leitung entfernt wird und man entlassen wird. Wie ein Häufchen Elend liegt Lara im Rettungsauto, das uns nach Hause bringt. Deine roten Wangen hast du mit einem blassen Gesicht getauscht und schon heute Morgen die ersten Haare verloren. Die Büschel kann man nur so aus der Kopfhaut ziehen. Wie stark war dieses „Gift", das sie dir diesmal verabreicht haben?
Die Zehn-Tage-Pause verbringst du fast ausschließlich im Bett, Mike genießt die letzten warmen Augusttage mit Freunden im Schwimmbad. Ich bin froh, dass er sich ablenkt und so selbstständig ist. So habe ich genügend Zeit für Lara, die ich ständig umsorge. Sie nimmt kaum einen Bissen Essen zu sich und ist mutlos. Übertrage ich dieses Gefühl auf sie? Ich reiße mich zusammen, versuche aus meinem „Loch" zu kommen, in dem ich mich befinde. Wir fangen an, Babysachen aus dem Keller heraufzuholen und richten die Wiege her. Das freut Lara und gibt ihr wieder neuen Lebensmut. Sie will für das Baby leben. Sie will kämpfen, von neuem starten. Sie will dem Baby all die Strampelhöschen, die sie schon anhatte anziehen, will es wickeln und ihm ein Schlaflied singen. All das übt sie vorerst bei ihrer Puppe, sie fängt wieder an zu spielen, zu singen und zu essen.
Die Schule fängt wieder an. Mike kommt schon in die dritte Klasse. Lara hat so gehofft, sie könnte einschulen, aber jetzt wird nichts daraus, die neue Schultasche muss noch warten. Wir sind etwas verspätet zur nächsten Therapie gestartet, mussten bessere Blutwerte abwarten. Wieder fünf Tage hochdosierte Chemo. Lara geht sie mutig an, denn sie will ja so schnell als möglich wieder nach Hause. Wenn sie sich etwas in ihren inzwischen wieder „glatzköpfigen" Kopf setzt, so zieht sie das auch durch. Mit unbändiger Kraft übersteht sie die Therapie und kann wieder nach Hause. Wir bleiben in Bozen weiterhin auf ständiger Beobachtung, hier wird dann anhand der Blutwerte entschieden, wann mit dem Stammzellensammeln begonnen werden kann. Nach zwei Wochen „Erholung" sind wir wieder unterwegs Richtung Innsbruck zum Stammzellensammeln.

Stammzellensammeln

Lara wird täglich an eine Maschine gehängt, die ihre Stammzellen aus der Blutbahn herausfiltert. Wir haben ja „Glück“ gehabt, und man kann ihre eigenen verwenden, weil Lara keine Metastasen hatte. Was immer das sein sollen? Lara schafft die Behandlung sehr gut. Die Ärzte sind sehr zufrieden mit ihrem Zustand, denn das Sammeln belastet den Körper sehr, meist hält es der Kreislauf nicht aus und die Therapie muss abgebrochen werden. Aber nein – bei Lara läuft es gut. Nach drei Tagen hat Lara genügend Stammzellen „hergegeben“ und sie reichen also für die Transplantationen. Der Weg führt uns dort hin. Nun wird noch ein MRI gemacht, um nachzusehen, wie sich ihr Tumor durch die Chemos verändert hat. Nichts! Kein bisschen kleiner ist er geworden! Die ganzen zwei starken Chemos haben „nichts geholfen“! Ich bin enttäuscht und verbittert. Ich kehre der Schulmedizin den Rücken und suche einen Hömopathen in München auf.
Er macht mir klar, dass das bei Lara kein Tumor sein kann, sonst wäre sie ja nicht mehr am Leben. Mit „Kügelchen“ will er sie heilen. Nun bin ich endgültig verwirrt. Ich weiß nicht mehr, was ich denken oder tun soll. Glaube ich den Ärzten, ist es ein Tumor, glaube ich dem Hämopathen, ist es keiner. Lieber würde ich natürlich dem Hämopathen glauben, und das tue ich auch erst einmal. Weil der Tumor unter der Chemotherapie nicht einmal ein kleines bisschen kleiner geworden ist.
Die Onkologen aber raten zu einer erneuten Operation. „Der Tumor muss nochmals entfernt werden, ansonsten kann die Therapie nicht fortgesetzt werden.“ Will ich denn das? Ich glaube nicht mehr an diesen „Tumor“ und schon gar nicht mehr an die Ärzte. Wie weit sind wir denn bisher gekommen, was haben sie bisher geschafft? Nichts! Wir sind genau gleich weit wie am Anfang, mit demselben Tumor im Kopf. Oder was auch immer es ist. Der Professor, der Lara das letzte Mal operiert hat, ist nicht von einer erneuten Operation überzeugt. Er weiß, dass die Überlebenschancen bei Medulloblastom sehr niedrig sind und legt uns die Karten offen auf den Tisch. Er möchte Lara nicht

wieder einen so großen Schaden anrichten, dass sie dann erst wieder laufen und sprechen lernen muss. Wenn schon eine Operation, dann erst, wenn er die neue Maschine hat, den „Kernspin". Dann nämlich kann er genauestens mittels Computer den Tumor entfernen und Lara so größere Ausfälle ersparen. Soweit der Professor. Doch die Maschine wird erst im neuen Jahr in Betrieb sein. Wir Eltern entscheiden, vorerst abzuwarten und dem Professor zu vertrauen. Er hat Lara doch schon einmal operiert und kennt sie. Ich habe ja auch den Gedanken festgenagelt, es ist gar kein Tumor. Mit den „Kügelchen" will ich Lara gesund bekommen.
Aber Lara geht es immer schlechter und die „Ausfälle" werden immer sichtbarer. Sie kann wieder nicht mehr alleine gehen, muss immer geführt werden. Auch klagt sie erneut über starke Kopfschmerzen. So bin ich hin und her gerissen. Die Hömoopathie scheint zu schwach zu sein. Aber ich lasse sie nicht operieren, wehre mich gegen die Schulmedizin. Die Ärzte sind sich nicht einig und das macht mich noch unsicherer, dieses ewige Hin und Her kostet viel Kraft. Mein inzwischen schon dicker Bauch bräuchte auch etwas Ruhe, was wird das wohl für ein Kind werden, mit diesen ständigen Aufregungen während der Schwangerschaft?
Täglich kommt ein Anruf aus Innsbruck: heute sogar vom Primar der Onkologie. „Lara hat noch eine Chance, man muss sie nutzen! Man darf nicht zusehen, wie sie sterben wird. Wir sollen uns doch zum Weitermachen entscheiden!" So seine Worte. „Wenn wir schon abwarten wollen, bis die neue Maschine da ist, dann müssen wir wenigstens schnell noch, als Überbrückung, eine Chemo geben!", so fährt der Primar fort. Er lasse uns Bedenkzeit bis morgen, dann werde er wieder anrufen und wieder, so lange, bis wir uns zum Weitermachen entschließen. Daniel, Laras Tatta, steht mir stets bei so großen Entscheidungen bei, ich bin sehr froh darüber. So kann keiner von uns beiden dem anderen eine Schuld geben, denn was wir entscheiden, haben wir gemeinsam getan - Lara angetan. Es wird knapp, sechs Tage vor Weihnachten! Wenn wir gleich morgen zur Chemo fahren, könnten wir es bis zum Christkind noch nach Hause schaffen, und danach? Lara bekommt ja immer Fieber nach jeder Chemo. Geburts-

termin habe ich am 3. Jänner. So weit will ich noch gar nicht denken, wie sagt mein Bruder immer? „Überquere die Brücke erst, wenn du vor ihr stehst!" Das werde ich auch. Nun entscheiden wir uns doch zu dieser Chemo!

Gleich am nächsten Tag fahre ich mit Lara nach Innsbruck mit dem Versprechen an die Kinder, am Heiligen Abend wieder zu Hause zu sein und gemeinsam Weihnachten zu feiern! Hoffentlich kann ich das Versprechen halten. Lara steht verbissen diese wohl für mich anstrengendste Chemo durch. Das ständige nächtliche Pippi-Messen macht mir größte Mühe. Kaum ist mein Baby eingeschlafen – danach ich – gleich schon meldet sich Lara wieder „ich muss Pippi!" Diese fünf Tage scheinen endlos, doch wie versprochen singen wir am Heiligen Abend alle gemeinsam „Stille Nacht" unter unserem Christbaum zu Hause. Mein wohl letztes Weihnachten in Dorf Tirol. Denn Leo, mein Freund, hat mit dem Hausbau begonnen und wir werden im kommenden Sommer nach Villnöss ziehen. Hoffentlich mit Lara.

Ich habe große Angst um Lara, wenn sie mir jetzt stirbt und ich sie hier begraben muss, kann ich sie nicht mitnehmen in meine neue Heimat! Das halte ich nicht aus! Zum Glück bringt mich die nahe Geburt wieder auf andere Gedanken. Lara hat sich wieder schleppend erholt und Daniel nimmt die Kinder über die Weihnachtsferien. „Ich muss mich beeilen", denke ich bei mir, bevor Lara wieder Fieber bekommt, muss das Baby kommen. Wie gewünscht am 30.12.01 erblickt IRIS das Licht der Welt. Ein gesundes, kugelrundes Mädchen. Ich danke dem Herrn für seine Güte! Mit mir freuen sich Leo und die Kinder – unsere neue Familie.

Lara hat Fieber, ganze drei Tage erst bin ich mit dem Baby zu Hause. Doch nach Absprache mit Innsbruck dürfen wir diesmal in Bozen bleiben. Lara wird dort auf der Station Peter Pan für onkologische Kinder in einem isolierten Zimmer aufgenommen. Alle meine Freundinnen, die das Baby und mich gerne besuchen möchten, schicke ich weiter zu Lara. So kann ich tagsüber das Baby genießen und fahre erst am Abend zum Schlafen zu Lara. Wir schieben wie immer die Betten ganz zusammen – mit einem Unterschied – nun schläft das Baby in der Mitte. Lara genießt und liebt ihre kleine Schwester. Nach zehn Ta-

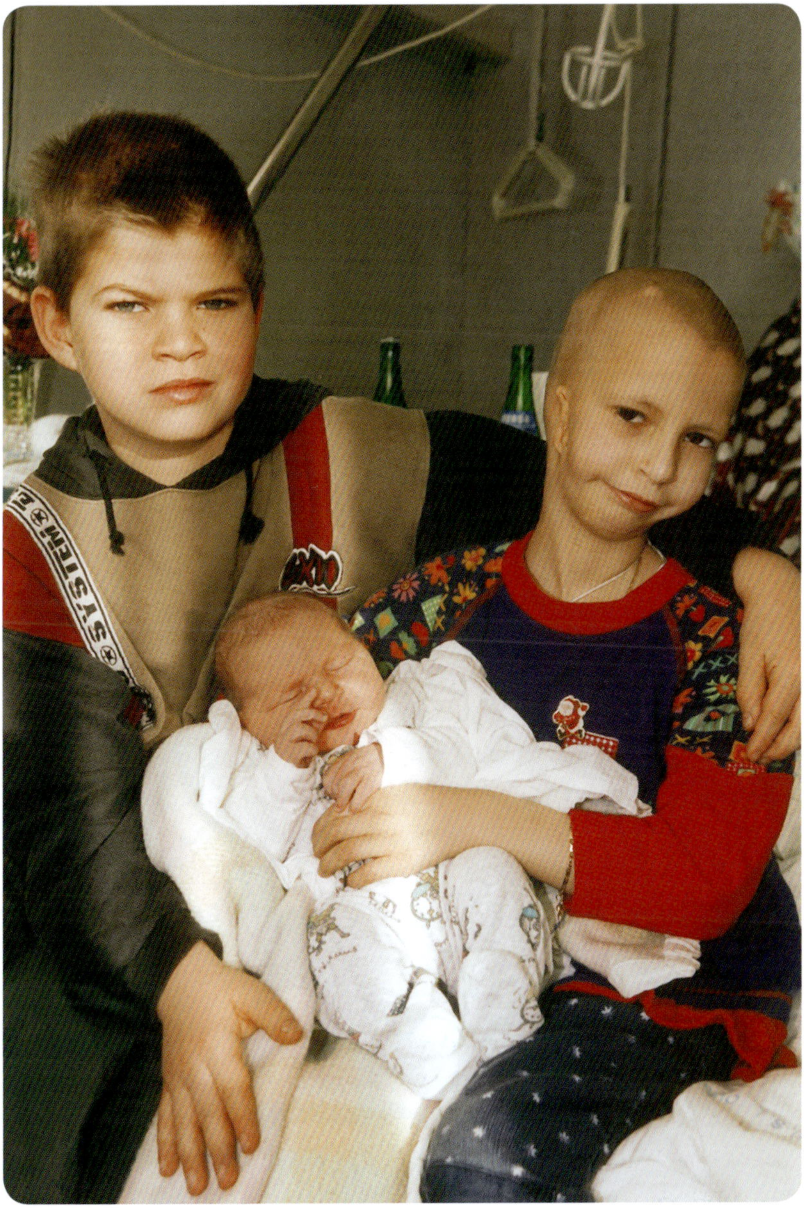

Mike mit Lara und Iris

gen Antibiotika wird Lara nach Hause entlassen. Nun heißt es Kräfte sammeln und stark werden für die bevorstehende Operation. Mir wird klar, dass, wenn man mal in dem „Rad“ drinnen ist, kein Aussteigen mehr möglich ist. Nach dem Umzug der Chirurgie und dem Erhalt des neuen Kernspins wird Lara am 8. Februar erneut operiert.
Wieder wird Lara der Kopf aufgeschnitten. Der Professor versichert uns, dass er größte Vorsicht walten lassen wird, um Lara keinen neuen Schaden zuzufügen. Gottlob, nach langem harten Warten wacht Lara auf und fühlt sich gut. Sie zeigt vorerst keine sichtbaren Veränderungen. Die Operation ist gut verlaufen und die Ärzte konnten den ganzen Tumor entfernen. Nun braucht Lara Erholung und Mut zum nächsten Schritt.

Die Stammzellentransplantation

Die Stammzellentransplantation kann beginnen. Wir sind auf Station, Lara und ich mit der kleinen Iris. Wie soll das gehen? Es muss gehen! Wir sind fest entschlossen, diese Lara angebotene Therapie zu nützen um uns später keinen Vorwurf machen zu müssen, wir hätten nicht alles versucht, um sie zu retten. Ca. vier bis sechs Wochen sind für die Transplantation geplant und dann weitere sechs Wochen Bestrahlung. Ich darf noch gar nicht daran denken. So lange Zeit von Mike getrennt zu sein. Daniel wird ihn wieder von der Schule abholen und sich um ihn kümmern. Während es meine Aufgabe sein wird, hier in Innsbruck mit Lara um ihr Leben zu kämpfen. Wir warten auf Station, bis man uns das Zimmer gibt. Wir schlagen inzwischen das Buch auf, in das die Kinder Wünsche oder Zeichnungen für „unseren lieben Gott“ schreiben. Lara hat mir auch schon so manche Sätze diktiert und sich mit Zeichnungen darin verewigt. Heute ist der 12. März und ich lese: „11. März 2002: Heute ist unser Sohn zum Herrn im Himmel heimgekehrt – er hat nun sein Zuhause gefunden“. Gestern! So ein Schreck! Mir wird ganz weiß und bleich im Gesicht. Dieser

Junge hatte denselben Tumor wie Lara. Er ist an der Therapie verstorben, die mein Kind jetzt beginnt. Kein gutes Gefühl. Ich bringe Lara bei der Kindergärtnerin unter und suche die Mutter des Jungen. Sie muss noch in der Klinik sein. Der Junge wird auf dieser Uniklinik noch autopsiert, das Recht hat die Klinik, und es dient auch für die angehenden Ärzte für ihre Ausbildung. An irgendeiner Tür laufen wir uns in die Arme und können beide nur noch weinen. Wir teilten sehr oft das Zimmer und eine nette Freundschaft ist durch unser gemeinsames Schicksal entstanden. „Er ist friedlich eingeschlafen und muss nun nicht mehr leiden", sagt die Mutter erlöst. Man kann ja manchmal gar nicht mehr zusehen, was die Kinder alles aushalten müssen. „Er hat noch Lara in seiner Todesstunde gesehen im Traum." Was immer das heißt? Ich lösche diesen Satz aus meinem Kopf und versuche, trotzdem Mut und Kraft für die anstehende Therapie zu sammeln.
Lara zieht ins Zimmer Nr. 6 ein, das Isolierzimmer für Transplantierte. Ich muss in der Schleuse stets Schuhe wechseln, Hände waschen und vor Betreten des Zimmers Mund- und Mantelschutz beachten. Den Kinderwagen von Iris habe ich in der „Schleuse", das wird für die nächsten Wochen ihr Zuhause sein. Meine Mutter wird in den nächsten Tagen nachkommen, sie ist berufstätig, verspricht mir aber, so oft sie kann zu kommen. Schon im Vorfeld kümmere ich mich um eine Frau, die mit dem Baby spazieren geht. Ich finde sie zum Glück auch, eine für vormittags und eine für nachmittags, zwei Rentnerinnen. So kommt Iris doch an die Luft, und ich kann mich um Lara kümmern.

Tag 1, so nennen die Ärzte den Tag, am dem die hochdosierte Chemotherapie beginnt – bis Tag 7. Gleich schon am dritten Tag liegt Lara wie ein Stück Elend im Bett. Diese starken Chemos zerstören nicht nur die Schleimhäute. Lara erbricht ständig und hat starken Durchfall. Ich weiß manchmal nicht, wo ich zuerst putzen soll. Ihr Körper nimmt fast reglos an diesem Geschehen teil. Ihr Wesen ist total verändert. Sie spricht kaum, schimpft nicht mal. Ich glaube, sie ist zu schwach dafür. Wenn sie nur mal laut schreien würde – aber nein! Es ist ganz still in diesem Zimmer, alles steril und kalt. Mein Blick zur Schleuse, wo Iris liegt,

stärkt mich und gibt mir Kraft zum Weitermachen. Sie ist so brav und spielt ganz zufrieden mit ihrer Rassel. Das manchmal lange Warten auf die stillende Brust überbrücken wir mit einem Schnuller. Sie kannte den bisher noch nicht, aber nun bin ich dankbar für diese Erfindung, der Schnuller stillt manchmal die Hungerschreie. Dann wird Iris auch zwischendurch von einer Schwester gehoppelt. Die Zeit in Laras Zimmer ist sehr intensiv. Vorne putzen – hinten putzen, ausbetten, wieder alles saubermachen. Lara waschen, ständig dasselbe. Meine Mutter hört meine stillen Hilferufe und kommt zum Glück früher als geplant zu Hilfe. Tag 0, so nennen sie den, an dem die Stammzellen transplantiert werden. Laras Körper ist nun von der hohen Dosis Chemo stark gezeichnet. Das Knochenmark ist zerstört – aber das war ja das Ziel der Therapie. Nun müssen sich Laras Stammzellen den Weg durch die Blutbahn in das Knochenmark suchen. Mit einem Koffer werden die Stammzellen vom Ärzteteam gebracht und nun mittels einer Spritze verabreicht. Es stinkt nach faulen, verwesten Eiern, noch Tage danach habe ich den Geruch in der Nase. Lara nimmt diesen Eingriff sehr leblos auf. Sie hat kaum Kraft, um das Geschehen zu verfolgen. „So, nun hoffen wir das Beste, dass der Körper die Zellen annimmt und alles gut geht", so die Ärzte, bevor sie das Zimmer verlassen.
Gemeinsam beten wir „Schutzengele mein" und bitten um ihren Beistand. Täglich muss ich Lara mehrmals die Bibelgeschichte mit dem kranken Mädchen vorlesen. „Jesus besiegt den Tod", heißt sie, es ist die Geschichte, in der Jesus das totgeglaubte Mädchen aufweckt. Er sagt: „Es ist nicht tot, es schläft nur". Du wirst dich in diesem Mädchen wiedererkennen und hoffst auch auf dieses Wunder. Mir kommst du auch „halbtot" vor und auch ich hoffe, dass dieser Jesus kommt, um dich zu wecken. „Jesus ist stärker als der Tod". Du kennst diesen Satz nur zu gut, immer wieder willst du die Geschichte hören. Mir gibst du diese Kraft, noch daran zu glauben, ja die Kraft kommt von oben!
Tag 4! Lara bekommt Fieber, ihr Körper glüht und sofort wird Antibiotika verabreicht. Es wird zwei Tage lang angewandt, wenn das Fieber sinkt, haben die Ärzte das richtige Medikament eingesetzt, wenn nicht, wird gewechselt. Man weiß nicht genau, woher die Endzündung kommt, und so „probieren die Ärz-

te halt herum". Nun schon das dritte Antibiotikum, sechs Tage schon fiebert Lara! Wie lange noch schafft sie es, wie lange noch hält ihr Körper das aus. Meine Flucht in die Kirche beschränkt sich nur mehr aus Minuten. Manchmal, nach dem Stillen, wenn Iris „Kröpfchen" machen muss. Ich setze sie schnell in mein Tragetuch und laufe zur Mutter Gottes. Ich zünde schnell eine Kerze an und bitte die Mutter Gottes um ihre Hilfe!

In dieser Kirche lerne ich eine Frau kennen. Sie rät mir, alle meine Sorgen der Mutter Gottes zu übergeben, genauso, wie es die Kinder machen, wenn sie mir ihren Sorgen zur Mutter kommen. Ich bin dankbar für diesen Rat. An diesem Tag habe ich gelernt, meine Sorgen einfach zu übergeben. Ich mache das seither immer und fühle mich dadurch beschützt und erleichtert.

Nach dem Kirchenbesuch kann ich das inzwischen eingeschlafene Kind wieder in seinen Wagen legen, um zu Lara ins Zimmer zu gehen. Meine Mutter musste wieder zur Arbeit und Gott sei Dank kommt eine meiner Schwestern. Es sind Zwillinge, sie beschließen, die Schule abwechselnd zu schwänzen. Sie gehen in die Oberschule und können es sich leisten, abwechselnd zu fehlen. Ich bin ihnen sehr dankbar dafür. So muss ich am Abend, wenn ich Laras Zimmer verlassen muss, nicht alleine mit meinen Gedanken kämpfen. Ich bin seit Anfang der Therapie im Ronald-McDonald-Haus untergebracht. Das ist eine kostenlose Unterkunft für Mütter oder Väter während den Therapien. Ich darf nicht bei Lara im Zimmer schlafen, könnte wohl kaum die ganze Nacht mit Mundschutz verbringen. Mitten in der Nacht quälen mich die Gedanken und ich telefoniere mit der Station, ob Lara denn noch lebt? Sie können mich beruhigen und ich solle doch versuchen zu schlafen.

Ich telefoniere mit Laras Vater, er soll doch schnell kommen, wenn er seine Tochter noch lebend sehen möchte. Wir sitzen am Bett des fast leblosen Kindes. Wo ist nun dieser Jesus, der den Tod besiegt? Wo bleibt er denn, warum lässt er so lange auf sich warten, bis er dieses Mädchen weckt? Heute wird schon das fünfte Mal Antibiotika gewechselt. Ich bete zu Gott, dass es dieses Mal anschlägt. Und siehe da – bis am Abend sinkt das Fieber, es geht Lara stündlich besser. Ist er doch da gewesen, dieser Jesus – habe ihn nicht gesehen? Ich danke allen, die gebetet und geholfen haben, es geht aufwärts. Zwei Tage später sitzt Lara schon etwas auf und nimmt das erste Mal wahr, wie es in ihrem Zimmer aussieht. Sie will ihre Schwester sehen und wir ziehen die Rollläden an der Tür auf, Lara kann mit Iris spielen und ihren Kinderwagen beobachten.

Dürfen wir jetzt aufatmen? War es das nun oder kommt noch was? Man weiß das nie so genau, noch ist der Tod nicht ganz besiegt. Ich hoffe, dass dieser Jesus ganze Arbeit geleistet hat und wir nicht nochmals in Angst versetzt werden, mehr Angst kann ich nicht aushalten. Ich verstehe nun, warum eine Transplantation vom ethischen Standpunkt aus verpönt ist. Das war der Weg durch die Hölle fast bis zum Himmel. Nie, aber nie wieder, würde ich das jemandem antun!

Kein Foto wird mich jemals an diese schreckliche Zeit erinnern! Ich möchte diese Zeit am liebsten aus meinem Kopf löschen, werde ich das je verarbeiten? Diese schlimmen Erlebnisse hinter mir lassen können? Ich weiß es nicht. Ich sehe nur, dass Lara am heutigen Tag das Zimmer verlassen darf. Ostersamstag ist heute, einundzwanzig Tage lang in Zimmer 6. Immer zwischen Leben und Tod. Daniel kommt mich ablösen und ich verlasse die Klinik. Sitze im Auto und weine, weine und weine. Daniel hat mir Mike mitgebracht, den ich fast nicht mehr kenne. Wir fahren gemeinsam mit unserem Baby nach Villnöss, morgen, am Ostersonntag, ist die Taufe. Ein herrlicher Tag voller Sonnenschein wärmt mich, und meine Gedanken werden durch die Entfernung von der Klinik leichter. Ich habe das große Glück, umschalten zu können wie ein Fernsehapparat. Kann von schlimmen Erlebnissen schnell auf schöne umschalten. Hoffe, dass das immer so bleibt. Ich genieße den Tag im Kreis der Familie und will gar nicht über Lara oder die vergangene Therapie reden. „Deckel zu", alles drinnen, und bitte nie wieder Deckel auf!

Nach drei Tagen Auszeit in meiner neuen Heimat geht es wieder Richtung Klinik. Lara hat sich die letzten Tage gut erholt, darf auch schon in den Flur hinaus. Langsame Schritte bewegen den gezeichneten Körper. Ihre Hautfarbe ist fleckig, dunkel, fast ledrig. Ein paar Schritte, dann wieder ins Bett zum Rasten. Noch eine Woche, dann wird die Bestrahlung beginnen, sechs lange Wochen lang. Laras Kopf wird zur Einstellung auf diese Maschine geschnallt, enge Riemen werden um den Bauch gebunden, Lara kann sich nicht bewegen. Über ihren Kopf wird eine Maske gespannt und auf dem Tisch befestigt. Ein engmaschiges Netzwerk, das Laras Tränen versteckt. Immer wieder müssen die Techniker neuen Anlauf nehmen, bis alle Einstellungen stimmen, und die Bestrahlung morgen pünktlich beginnen kann. Wir räumen das Zimmer und ziehen nun gemeinsam im Ronald-McDonald-Haus ein. Diese Wohnung wird den Angehörigen und Patienten während den Therapien kostenlos zur Verfügung gestellt.

Die Strahlentherapie beginnt

Wir gehen auf die Station und stehen mit unzähligen Menschen in einer Schlange. Mich schreckt dieser Anblick. Sind denn so viele Menschen krank? Schwer krank? Werden die alle durch diese Strahlentherapie gesund? Wir stellen uns in die Warteschlange, es geht ganz schnell weiter. Die Patienten gehen hinein und kommen gleich darauf wieder heraus. Es sind ja nur Sekunden, in denen sie bestrahlt werden. Somit steht uns der ganze restliche Tag zur freien Verfügung. Laras Termin ist immer um 10.00 Uhr. Das schaffen wir gut mit dem Baby. Lara steht auf dem Trittbrett, das ich an dem Kinderwagen befestigt habe. Sie ist ja sehr schwach und kann nur kurze Strecken alleine bewältigen. Obwohl es vom Ronald-McDonald-Haus bis zur Klinik nicht weit ist, würde sie das nicht schaffen. Danach steht die Frage des Mittagessens auf dem Plan. „Lara, was möchtest du heute essen?“ Spinatspatzlen, entscheidet sie. Wir kochen in der Gemeinschaftsküche, aber Lara isst gerade mal zwei Gabeln voll. Ich kann es fast nicht mit ansehen, wie sie im Essen herumkratzt. Sie ist so dünn, dass ein starker Windstoß sie umblasen könnte. Am Nachmittag gehen wir etwas am Inn entlang. Die Krankenhausluft ausatmen – und Frischluft einatmen. Jeden Tag dasselbe!

Nun beginnt schon die zweite Woche. Lara erbricht genau so viel wie bei der Chemotherapie. Sie ist freudlos, ohne Lebensgeist. Die Bestrahlung erfolgt mit voller Dosis. So ein kleines Kind! „Bleiben da nicht Schäden zurück?", frage ich den Radiologen. Er kann nur erzählen, was die Patienten ihm zurückmelden. „Wenn sie vorher einen Monat gebraucht haben, um ein Buch zu lesen, brauchen sie nach der Strahlentherapie zwei Monate dafür." Das Gehirn arbeite langsamer, „retardierte Menschen" werden sie nach der Bestrahlung genannt.

Die zweite Woche geht dem Ende zu, aber leider auch unsere Nerven. Wir sind nun schon sechs Wochen in Innsbruck und unser Heimweh ist fast unerträglich. Auch liegen wir uns ständig in den Haaren. Wir haben keine Geduld mehr und das ständige Warten auf den nächsten Tag macht uns zu schaffen. Ich rufe den Südtiroler Krankentransport vom Weißen Kreuz an und frage, ob Lara die Bestrahlung auch ambulant machen könnte. „Natürlich", sichern sie uns zu. Gott sei Dank! Danach rufe ich alle Freundinnen an, die mir mal gesagt haben: „Wenn du mich mal brauchst, melde dich." Das Ergebnis hätte ich mir gar nicht erwartet: jede hat mir zugesagt, Lara einen Tag zur Therapie mit dem Krankentransport zu begleiten! Ich werde keinen dieser Freundschaftsdienste je vergessen. So ermöglicht mir die Hilfsbereitschaft meiner Freundinnen, endlich mit der kleinen Iris zu Hause bleiben zu können. Lara genießt die Abwechslung mit meinen Freundinnen. Zum Mittagessen ist sie jeden Tag wieder zu Hause. Noch knapp vier Wochen, und die Schule ist schon wieder aus.

Den Nachmittag verbringen wir mit Einpacken, denn wir ziehen zum Schulschluss um nach Villnöss. Mein Freund Leo hat in der Zwischenzeit das Haus umgebaut und ein schönes Heim für seine neue Familie geschaffen. Pünktlich zu Schulende sind Laras Bestrahlungen fertig. Gemeinsam – Lara mit Mundschutz – besuchen wir die Schulabschlussmesse. Wir sitzen in der letzten Bank, wir können die Messe nicht bis zum Ende bleiben. Lara wird schlecht und ich kann meine Tränen nicht mehr zurückhalten. Wir verlassen die Messe früher, um allen auszuweichen. Wir wollten nur noch ganz herzlich dem Herrgott da vorne am Kreuz für all seine Güte danken, und das in der Gemeinschaft, in der wir aufgewachsen sind.

Unsere neue Heimat

Unsere neue Heimat erwartet uns natürlich mit Blicken, aber trotzdem herzlich. Die Bergluft tut Lara gut und zu ihrem Geburtstag am 5. August ist sie schon wieder so kräftig, dass wir auf unserer Alm ein großes Grillfest machen können. Tanten und Paten und Cousinen, Omas und Opas, alle kommen, um mit Lara diesen Tag zu feiern. Lara ist wieder gesund!

Lara freut sich auf die Schule und kann den September kaum erwarten. Nun geht sie – mein Kind. Ein unbändiger Lebenswille mobilisiert ihre Kräfte. Sie trägt ihre Schultasche selbst ins Schulhaus. Ihr Gang ist noch „ torkelig", fast zickzackartig. Die noch kahlköpfige Lara wird sofort von ihren Klassenkameraden gut aufgenommen. Nach einem aufklärenden Einführungsgespräch der Lehrerin mit den Kindern wissen alle über Laras Krankheit Bescheid. Sie erkennen ihre Schwierigkeiten im Schulalltag und helfen ihr bereitwillig. Lara wird eine Integrationslehrerin zugewiesen und lernt ein ihren Fähigkeiten angepasstes Programm. Die Hauptfächer macht sie im Nebenraum und bei den Nebenfächern ist sie in der Klassengemeinschaft. Beim Turnen schaut sie zu. Es schmerzt sie schon sehr, dass sie nicht mehr das alles kann, was die anderen Kinder können. Sie merkt das ja, im Kopf fehlt ihr ja nichts. Sie muss mit vielen Abstrichen im Leben zurechtkommen. Ist aber dankbar, dass sie überhaupt lebt. Die Kommunikation zwischen Schule und mir klappt hervorragend, es wird sehr gut auf Laras Können und auf ihre Kräfte eingegangen. Anfangs geht sie nur zwei Tage in der Woche zur Schule. Das wird langsam gesteigert. Nun steht Weihnachten vor der Tür, und Lara besucht die Schule schon täglich. In den Ferien müssen wir in die Klinik zum MRI, wie wird das Bild aussehen?

Das Bild ist superschön! "Kein Tumor mehr zu sehen.". Wenn das keine gute Nachricht ist. Laras Immunsystem ist aber sehr schwach: immer wieder hat sie einen Infekt, der mit Antibiotika behandelt werden muss. Auch ihre Haut braucht intensive Pflege.
Obwohl Lara sehr gerne die Schule besucht, verlangt es ihr die ganze Kraft ab. Wir müssen haushalten und die ständigen Infekte zwingen sie manchmal zur Bettruhe. Wir versprechen ihr, in den Sommerferien ans Meer zu fahren, vielleicht tut ihr die Meeresluft gut. Geschafft! Schulende! Die erste Klasse bestanden, oder überstanden, denke ich. Für mich ist Zeit, die vergeht, gut. Denn man gilt nach einem Tumor erst nach fünf Jahren als geheilt.

Der versprochene Meeraufenthalt ist da! Zum Glück ist Mike schon recht selbständig und man kann ihn sorglos alleine ins Wasser gehen lassen. Unsere Iris erkundet den Sandstrand und verlangt jede Sekunde unserer Aufmerksamkeit, diese Aufgabe übernimmt Leo. Lara braucht sehr viel Hilfe und Zeit, die ich gerne für sie aufbringe. Sie hat sich so auf diese Urlaubstage gefreut.
Doch schon bald merken wir eine starke Veränderung an ihr. Sie ist sehr lichtempfindlich geworden, so dass sie sogar im Wasser eine Sonnenbrille tragen muss. Auch ihre Gangart hat sich verschlechtert, ich muss sie ständig an meiner Hand führen. Anfangs dachten wir, es wäre die Hitze, die sie schwächt und körperlich zu schaffen macht, aber dann verzieht sich ihr Mund plötzlich zur Seite. Wie eine kleine Lähmung, ihre rechte Gesichtshälfte ist betroffen. Ich bin froh, dass eine Woche vorbei ist, denn ich bemerke auch an mir eine Veränderung. Meine Tage sind schon länger ausgeblieben und die ständige morgendliche Übelkeit kann keine Magengrippe sein.
Zu Hause angekommen, freue ich mich auf die Geburtstagsfeier, die ich für Lara schon vor der Abreise organisiert hatte. Morgen werden Laras Schulfreundinnen kommen und mit Lara ihren achten Geburtstag feiern. Ich lasse mir von meinen Sorgen nichts anmerken und verbringe den Tag mit den Kin-

Lara beim Geburtstag feiern

dern spielend und lachend und „Happy Birthday“ singend. Morgen werde ich gleich die Klinik anrufen.

Wir sitzen im Auto und fahren zur Visite. Die Ärzte wollen Lara sehen, jetzt liegt sie schon in der Röhre. In zwei Stunden das Arztgespräch! Was wird uns wieder erwarten. Daniel, Laras Vater, ist gleich mitgefahren. Nun sitzen wir in diesem Zimmer schon das dritte Mal. Lara wird im Spielzimmer nebenan von einer Kindergärtnerin betreut. „Selber Schatten – selbe Stelle.“ So die Ärzte. Wieder! Es hämmert in meinem Kopf, die Schreckensnachricht wirft mich fast um. Auch Daniels Gesicht ist weiß wie eine Wand, gefasst und wie gelähmt hören wir den Ärzten zu. „Um Gewissheit zu bekommen, ob es sich wieder um denselben Tumor handelt, müssen wir wieder eine Biopsie machen, also Gewebe entnehmen, das heißt, wieder den Kopf aufschneiden.“ „Und dann?“ „Dann haben wir keine Möglichkeit mehr, ihre Tochter zu retten, weil es wieder derselbe Tumor an derselben Stelle ist. Über Therapie sprechen wir nicht, wir haben leider keine mehr anzubieten.“ Niederschmetternd. Daniel und ich sind uns einig, wir wollen Lara jedes weitere Martyrium ersparen. Auch wenn wir es genau wüssten, was in ihrem Kopf ist, es würde doch nichts ändern. Wir entscheiden uns also gegen eine Biopsie. Daniel hat den Mut, zu fragen: „Wie lange wird sie noch leben?“ Die Ärzte reden von einigen Wochen, es könnten auch einige Monate sein. Wir sollten doch versuchen, noch „zu leben“. Wie soll das gehen? Mit unserem todgeweihtem Kind das Leben noch zu genießen, so raten uns die Ärzte und verabschieden sich von uns.
Wir sitzen ratlos im Innenhof der Klinik unter einem schattigen Kirschbaum. Wir haben tausend Fragen im Kopf. Wird es schnell gehen mit dem Tod? Wird Lara Schmerzen haben? Lara lächelt uns an. Ihre Gesichtslähmung „facial parese“ verändert ihre Mimik. Ganz offensichtlich verändert sich ihr Körper, wie wird das wohl weitergehen? Wird sie schon bald nicht mehr gehen können? Ich muss sie ja jetzt schon immer an der Hand führen, Lara kann das Gleichgewicht nicht mehr halten. Wird sich auch das verschlimmern? Wird sie bald im Rollstuhl sitzen?

Still sitzen wir im Auto. Lara bemerkt unsere Stimmung, und ohne zu fragen, weiß sie auch den Grund dafür. Wie muss sich ein Kind in so einer Situation fühlen? In diesem Augenblick kann ich Lara keinen Beistand geben. Ich muss mich erst fassen, bevor ich mit Lara über die neue Lage sprechen kann. Lara spürt das und drängt mich nicht.
Die nächsten Tage kann ich nur noch weinen, ich kann mich gar nicht auf die bestätigte Schwangerschaft freuen. Im März werde ich wieder Mutter, aber wird Lara das noch erleben? Jede Arbeit fällt mir schwer, jeder Tag erscheint mir endlos lang. Ich bin in ein Loch gefallen, das dunkel und tief ist. Ich weiß nicht, ob ich da jemals wieder herauskomme.
Es gilt neue Kraft zu sammeln, ich muss mich einfach zusammennehmen! Lara wird wieder zur Schule gehen. Wir sollen ja so normal leben wie möglich. Haben uns die Ärzte geraten. Ich kümmere mich um eine Betreuung für die Schulzeit. Lara muss begleitet werden, sie kann nicht mehr alleine gehen, sie braucht eine stützende Hand. Lara hat ständige Kopfschmerzen, also muss sie alle vier Stunden eine Schmerztablette schlucken. Solange das reicht, sollen wir Lara die Schmerztabletten regelmäßig geben, sagen die Ärzte. Zur stärkeren Schmerztherapie sollen wir uns melden, sobald es nötig wird. Die Ärzte versprechen uns, Lara dann in die Klinik aufzunehmen, aber in der Zwischenzeit können sie nichts für sie tun, außer Schmerzmittel zu empfehlen.

Zwei Monate Schule sind vergangen, mit einem Betreuer an der Seite schafft Lara es, einige Zeit dem Unterricht zu folgen. Falls ihre Kopfschmerzen es zulassen. Falls nicht, verlässt sie mit ihrem Betreuer die Schule und geht an die frische Luft. Ich bin dankbar dafür, wenigstens vormittags etwas entlastet zu sein. Mittags schläft Lara dann, nachmittags spielt sie im Sitzen mit Iris. Ihr Körper ist mager und gezeichnet von den Schmerzen, die immer unerträglicher werden. Ich wende mich an die Klinik, die Ärzte verschreiben Cortison. Es soll die Schwellung im Kopf verringen, die ja die Schmerzen auslöst. „Es wird nicht mehr so lange dauern", sagen die Ärzte, „fraglich, ob sie Weihnachten noch erleben wird."

Mammi, wie werde ich sterben?

Heute ist Stephanstag. „Mammi, wie werde ich sterben?“ Solche Worte aus dem Mund eines Kindes. Aber Weihnachten geht vorüber, wir haben es fast nicht wahrgenommen. Du hast deine Geschenke ausgepackt und dann gleich wieder zur Seite gelegt. Du bist einfach zu müde, um damit zu spielen. Heute kommen meine Eltern und Geschwister, um mit uns zu feiern. Oder um von dir Abschied zu nehmen, fragst du. Ich koche, ich muss dir antworten, kann meine Tränen fast nicht zurückhalten. Mike spielt mit Iris in der Stube, so habe ich Zeit für dich und deine Fragen. Schnell lege ich den Kartoffelschäler zur Seite und nehme dich in die Arme: „Lara, du wirst vielleicht ganz ruhig eines abends einschlafen und am Morgen tot sein. Dein Herz wird aufhören zu schlagen, wenn es zu schwach dafür ist. Wenn deine Schmerzen zu groß sein werden, wirst du beim lieben Gott Platz finden, die Engel werden dich dorthin begleiten.“ Mir laufen die Tränen über die Wangen, du aber bist sehr gefasst, lehnst deinen Kopf an meinen dicken Babybauch und fragst: “Wer wird dann alles traurig sein, wenn ich sterbe?“ Mammi, Tatta, deine Geschwister, Oma, Opa, die Tanten, die Onkel, und und und, die Liste wird immer länger und länger und scheint nicht zu enden. Lara drückt meine Hand ganz fest. Nun weinst auch du. „Lara, ich verspreche dir, ich werde mich beeilen, um ganz schnell zu dir in den Himmel zu kommen. Die Zeit, wenn du auf mich wartest, wird ganz schnell vergehen. Und dann bleiben wir für immer zusammen!“ Nun weinen wir alle beide und sind völlig aufgelöst. Meine arme kleine Tochter, was für sorgen du in deinem Alter schon haben musst. Ich hoffe, dass ich sie dir ein wenig abnehmen konnte und drücke dich ganz fest an mich.

Die Weihnachtsfeier wird nicht fröhlich, uns ist nicht zum feiern zumute. Lara hat starke Kopfschmerzen und geht schon am frühen Nachmittag ins Bett.

In den Weihnachtsferien werden die Kopfschmerzen immer unerträglicher, wieder wird die Dosis Cortison erhöht. Es raubt dir jeglichen Verstand. Du weißt gar nicht mehr, was du mit deiner Zeit anfangen könntest. Ständig fragst du mich: „Und was tun wir jetzt?“ Du hältst dich nur mehr in der Küche auf, um

deine Hungerattacken zu stillen. Du stopfst Unmengen an Essen in dich hinein. Bist ganz unbeweglich und träge geworden. Du traust dich nicht mehr alleine auf die Toilette, du hast Angst, umzufallen. Dann bekommst du schrecklich große blaue Flecken. Deine Knochen schmerzen so sehr, dass du dich fast gar nicht mehr bewegen kannst. Nichts interessiert dich mehr, keine Barbie, keine andere Puppe. Du bist leer im Kopf, die Medikamente lähmen deinen Geist und deinen Körper. Es tut weh, dich so zu sehen. Deine Veränderung macht mir zu schaffen. „Kugelrund" bist du geworden, dein sonst so zarter Körper platzt fast. Deine Wangen sind so stark angeschwollen, dass du fast nichts mehr siehst. Dein Bauch ist zu einer Kugel angeschwollen. Wenn es mich auch tröstet, dass deine Kopfschmerzen besser geworden sind, so sehe ich doch, dass jetzt deine Knochen schmerzen. Cortison greift die Knochen an.
Lara traut sich fast nicht mehr in die Schule. „Die Kinder werden mich auslachen". Aber nein! Die Lehrerin klärt die Kinder wieder über die aktuelle Situation auf, und kein Kind lacht Lara aus. „Mammi, lieber sterbe ich, als so zu leben." Solche Sätze sagst du, und du meinst es ernst. Als ich mich etwas gefasst habe, sage ich: „Ja! Lara, ich stehe hinter dir, du hast so viel mitgemacht, ich kann verstehen, dass du müde bist." Ich akzeptiere ihre Entscheidung und setzte eigenständig, ganz langsam, das Cortison ab. Lara will es nicht mehr nehmen. Es nimmt ihr jegliche Lebensfreude. Nun aber kann ich mich auch nicht mehr in Bozen im Krankenhaus sehen lassen. Auf der Station sind die Ärzte ganz gegen meine Entscheidung. Nun stehe ich mit meiner Entscheidung und der Verantwortung ganz alleine da, und hänge auch medizinisch hilflos in der Luft.
Ist es nun ein Glück oder ein Pech, dass dich heute Abend die Rettung holen muss? Deine Kurzatmigkeit zwingt mich dazu. Ich traue mich nicht, alleine mit dir irgendwohin zu fahren, wohin denn auch. So bringt dich die Rettung ins nächstgelegene Krankenhaus, Brixen, wo du neu bist. Man nimmt deine Krankengeschichte neu auf und schickt uns nicht weg. Ich gestehe, dass ich eigenmächtig das Cortison abgesetzt habe, dass ich mich deshalb sorge, weil du Beschwerden hast. Man beruhigt mich, der Grund für deine Beschwerden ist

eine Lungenentzündung, nicht das fehlende Cortison. Man rät mir, das Cortison zu ändern, auf eines umzusteigen, das nicht so sehr dick macht, und nur eine kleine Menge zu geben, um den Schmerz im Kopf in Schach zu halten. Ich halte mich an diesen Ratschlag und bin froh, nicht mehr ganz alleine für dich entscheiden zu müssen.

Mein Bauch wird immer dicker – die Geburt rückt näher – doch mit Laras Gehör wird es immer schlimmer. Wir merken, dass wir ständig alles wiederholen müssen, was wir sagen. In der Schule macht sie nicht mehr mit. Zu Hause verhält sie sich auffällig und aggressiv. Ich schaffe es kaum noch, kraftlos fahre ich ins Krankenhaus nach Brixen. Lara hat ein starkes Pfeifen im Ohr. Sie schreit und schreit mit uns allen, sie wird fast verrückt.

„Ihr Kind ist fast taub"

„Liebe Frau, setzen sie sich hin", sagt der Arzt, „ihr Kind ist fast taub." So ein Schrecken, ich schaue Lara an, es tut mir so unendlich leid für sie. Was nun? Man kann versuchen mit einer Hochdosis Cortison diesen Schaden zu beheben. Lara hat einen Gehörsturz mit Tinnitus. Lara stimmt der Therapie sofort zu, denn das dauernde Pfeifen im Ohr macht sie fast verrückt. Sie will nur, dass es verschwindet.

Lara wird im Brixner Krankenhaus aufgenommen und bekommt täglich eine Menge Cortison, die laufend gesteigert wird. Auch ich werde aufgenommen, aber auf eine andere Station, unser Baby kommt! Jasmin erblickt das Licht der Welt! Gottlob, ein kerngesundes Baby. Ich kann nicht genug danken, und nun noch weinen vor Glück. Und einen Stock tiefer liegt Lara mit ihrem Unglück. Jasmin ist ein sehr braves und zufriedenes Baby, und so kann ich sehr viel bei Lara sein.

Heute ist Tag sieben im Krankenhaus. Keine Veränderung! Lara wird als nicht geheilt entlassen. Sie muss nun wieder eine Woche lang das Cortison langsam

wieder verringern. Die Dosis wird täglich herabgesetzt, und am Ende stellt sich die Therapie als erfolglos heraus.
Was nun? Man holt Rat in Innsbruck. Man rät uns zur Akupunktur. So viele Nadeln werden in dieses kleine Kind gesetzt. Zum Glück wusste Lara nicht, was ihr bevorsteht. Sie schreit wie am Spieß und weigert sich anschließend, nochmals diese Quälerei mitzumachen. Dreimal müsste sie behandelt werden, um einen Erfolg zu erzielen. Nach langem Überreden erklärt sich Lara noch mal bereit zur Akupunktur zu gehen. Am Morgen danach springt mich Lara überglücklich an: „Mama, Mama, ich kann wieder hören!" Welch ein Glück und welch ein Segen, mein liebes Kind! Wir erholen uns alle von diesem Schrecken, und ich finde wieder etwas Zeit, um mein Baby zu genießen. Lara geht wieder zur Schule, von ihrem Betreuer umsorgt. Zwei Stunden am Tag, manchmal auch mehr, je nach ihrer körperlichen Verfassung.
Telefon aus Innsbruck: der Befund vom letzten MRI, den wir vor einer Woche gemacht haben, ist jetzt da. Im Vergleich zum letzten MRI – wo dieselbe „Struktur" zu sehen war – ist das Bild schöner. Die „Struktur" hat sich fast aufgelöst. Also war es diesmal kein Tumor. Denn ein Tumor, so die Ärzte, bildet sich nicht ohne Therapie zurück. Das es ein Tumor sei, war ja nie bewiesen, weil wir die Biopsie verweigert hatten. „Gefäßentzündung", als Folge der Bestrahlung, so die Diagnose. Eine Ader im Kopf wird geplatzt sein und die Ausfälle hervorgerufen haben.
Also KEIN Tumor! Seit Weihnachten werden wir aufs Sterben vorbereitet. Soll ich mich jetzt auf Knopfdruck freuen oder nicht? Nachdem ich ihren „Tumor" angenommen hatte, wäre ich bereit gewesen, Lara gehenzulassen. Wie soll ich dem Kind das alles erklären? Zuerst sterben, dann doch wieder leben, als wäre es nur ein Spiel gewesen? Ich weiß nicht mehr, wo mir der Kopf steht und lass einfach erschöpft alles auf mich wirken. Ich brauche viele Tage, um diese Nachricht zu verarbeiten. Jetzt habe ich also ein Kind mit Behinderungen. Laras Seh- und Hörvermögen ist beeinträchtigt, das Gehen bereitet ihr große Mühe, und auch ihre Feinmotorik lässt zu Wünschen übrig. Man kann kaum lesen, was sie schreibt. Nur nicht den Kopf in den Sand stecken.

Fördern – heißt mein Gedanke. Ich frage an vielen Stellen um Hilfe, und mir wird sie für Lara tatsächlich auch zugesichert. Wir erhalten Physio- und Ergotherapie, psychologische Betreuung, auch der Hauspflegedienst holt sie einmal wöchentlich zum Schwimmen ab.
Ihr unbändiger Glaube verursacht mir ein schlechtes Gewissen. Wir sitzen in der Kirche unserer „alten Heimat". Alle möchten unser Baby Jasmin sehen, deshalb sind wir in diese Kirche eingekehrt, in der ich schon viel um dich gebetet habe. Ich spreche still mit unserem Herrn, der vom Kreuz auf mich herabschaut. Hadere und bin undankbar, was Lara betrifft. Lara spricht laut zum Herrn: „Danke lieber Gott für deine Hilfe und bitte hilf mir weiterhin." Nach allem, was dir widerfahren ist, kannst du immer noch danken! Ich schäme mich sehr und entschuldige mich beim Herrn für mein Hadern. Dein Glaube hält dich am Leben! Die Tage vergehen, und du genießt das Baby Jasmin.

Lara mit Jasmin

Die Erstkommunion steht bevor

Lara soll und darf die Vorbereitungen mitmachen. Alle hatten wir gedacht, das wird sie nicht mehr erleben. Und nun doch! Beim Einzug in die Kirche gehe ich an den Gräbern vorbei und danke Gott, dass ich Laras Erstkommunion erleben darf und dass sie nicht unter den Verstorbenen ist. Wir lassen unsere Jasmin am selben Tag taufen und pflanzen einen Rosenstock, am Kreuz vor unserem Haus, als Zeuge dieses großen Ereignisses. Wenn ein Kind getauft wird und ein anderes Kind die Erstkommunion feiert, so wird eine Rose gepflanzt. Es wird ein unvergesslich schöner Tag im Kreise unserer Verwandtschaft.

Schulabschlussmesse, ich danke und lobe den Herrn, dass Lara die zweite Klasse geschafft hat. Den Sommer über tankt Lara Kraft und erholt sich von den ständigen Infekten, die sie den Winter über begleitet haben. Die vielen Antibiotikatherapien schwächen ihren Körper. Sie hat mit dem Hauspflegedienst, der sie einmal wöchentlich begleitet, trotzdem schwimmen gelernt! Wir verbringen viel Zeit im Schwimmbad. Der Sommer verläuft ohne größere Schwierigkeiten und endet wie immer viel zu früh. Die dritte Klasse Grundschule steht an, und diesmal ohne Betreuer und ohne Cortison, es geht Lara so gut wie noch nie.

Der Körper schreit, drei Wochen ohne Cortison und du stehst auf „Entzug". Innsbruck hat Lara endgültig von dieser Medizin befreit. Gottlob, denn ihre Knochen hätten das auf Dauer nicht mehr ausgehalten. Du kratzt dich fast wund – Diagnose: die Krätze! Nein, das darf nicht wahr sein! Ich werde vom Arzt mit den Behandlungsanweisungen für die ganze Familie wieder heimgeschickt. Wir müssten alle mit einer ziemlich giftigen Mischung duschen, sogar das Baby. Drei Tage lang müsste ich täglich die Bettwäsche wechseln, drei Tage lang giftig duschen. Meine innere Stimme, die ich gelernt habe zuzulassen, weist mich anders. Die „stinkenden" Medikamente landen im Medikamentenmüll und eine Plegecreme stellt Laras Haut langsam aber sicher wieder her.

Alle anderen bleiben verschont. Nach all den Cortisonbehandlungen musste Laras Körper das Medikament einfach wieder loswerden. Mein Gefühl und meine Beobachtungen haben mich nicht getäuscht. Gottes Hilfe war auch diesmal stark zu spüren.
Das Cortison hat sich langsam, aber endgültig aus deinem Körper geschlichen. Dein Körper gehört wieder dir und du hast stark abgenommen. Dein Geist erfreut sich wieder an interessanten Dingen, du bist zum Dialog bereit. Dem Unterricht folgst du wieder interessiert, die einfühlsame Integrationslehrerin bringt dir einen reduzierten Lernstoff bei. Dir gefällt die Schule wieder sehr.

Weihnachten steht vor der Tür. Voriges Weihnachten solltest du ja schon nicht mehr unter uns sein, und nun? Obwohl die Ärzte sagten, du würdest Weihnachten nicht mehr erleben, bist du noch unter uns. Ich sage immer, dass der liebe Gott das letzte Wort hat und nicht die Ärzte. Es wird ein gelungenes Familienfest mit vielen Menschen, die sich mit mir und dir über deine Gesundheit freuen.

Schon wieder Angst

Du wirst in der Innsbrucker Klinik aufgenommen. Deine Lymphknoten sind geschwollen. Man will klären, ob das auf einen erneuten Tumor hinweist. Sie schwellen in Abständen immer wieder auf. Sie verursachen Schluckbeschwerden und müssen immer wieder mit Antibiotika behandelt werden. Das CT zeigt nichts Auffälliges, deshalb möchten die Ärzte durch eine Gewebeentnahme Klarheit schaffen. Ich verweigere diese Untersuchung und Daniel steht hinter meiner Entscheidung. Solange das Antibiotikum hilft, denke ich, will ich kein erneutes Risiko eingehen. Ich nehme Lara wieder mit nach Hause. Mein Gefühl sagt mir, dass Beschwerden, die kommen und gehen, kein Tumor sein können.

Häufige Infekte wie Blasenentzündungen, Harnweginfekt, Atemweginfekte fesseln Lara oft ans Bett. Dann zwingt eine allergische Reaktion die Ärzte, das Antibiotikum immer wieder zu wechseln. Lara wird stationär aufgenommen. Das oral verabreichte Antibiotikum wirkt nicht mehr. So muss es intravenös verabreicht werden. Irgendwie geht es immer weiter, mal besser, mal schlechter. Wir sind immer froh, wenn ein Infekt wieder vorbei ist und es Lara mal für drei Wochen lang gut geht. Das ist wieder Zeit zum Tanken, Kraft und Zuversicht. So lange es immer wieder etwas gibt, das Lara hilft, wieder gesund zu werden, dürfen wir nicht klagen. Wie haben inzwischen gelernt, mit diesen häufigen Krankheiten zu leben. Wir haben gelernt, nie fürs Wochenende vorauszuplanen. Ich bemühe mich, auch wieder mehr auf mich zu schauen und wieder eigene Wünsche und Ziele zu verfolgen, trotz Laras Krankheit. So vergeht die Zeit mit vielen Aufs und Abs, aber immer wieder mit einem guten Befund des „Tumors“. Der scheint sich aus Laras Körper endgültig verabschiedet zu haben.

Mike

Seine Pubertät lenkt mich immer wieder von Laras häufigen Erkrankungen ab. Seine schwierige Rolle in der Kindheit zeigt nun ihre Folgen. Die Pubertät wird für Mike und mich eine schwierige Übergangszeit. Schmerzend nabeln wir uns voneinander ab. Mikes Erziehung kostet mich viel Kraft und Einsatz.

Unsere Hochzeit

Mein Partner und ich lenken den Blick nach vorne und trauen uns. Unsere Hochzeit feiern wir im Kreise unserer Familie. Die dann später mit einem weiteren Mädchen auf fünf Kinder wächst. Katrin wird uns geschenkt. Das lebhafte und liebe Mädchen schenkt uns viel Freude. Die Familie stärkt Lara und lässt sie gesunden. Mit jedem Kind mehr ist sie nicht mehr der einzige Mittelpunkt. Das tut ihr gut. Sie lernt, dass es auch noch anderes gibt als sie und ihre Krankheit. Trotz vieler Einschränkungen im Alltag und in der Freizeit lernen auch wir, mit Lara zurechtzukommen. Mütter von Laras Mitschülern laden sie am Nachmittag zum Spielen ein. Auch verbringt sie öfters ein Wochenende bei Lydia, sie machen Ausflüge und gehen Bummeln. Lara genießt jede ihr angebotene Abwechslung. Und wir als Familie verspüren liebgemeinte Entlastung.

Lara

Lara ist nun in der fünften Volksschule und die Entscheidung, in welche Mittelschule sie gehen soll, steht an. Ich verbringe viele schlaflose Nächte. Schließlich entscheide ich mich: Lara wird in Bozen die Mittelschule besuchen und in einer Wohngemeinschaft für hörgeschädigte Kinder untergebracht sein. Die Entscheidung fällt mir sehr schwer. Ich kann mir nicht vorstellen, dieses Kind, das so stark auf mich angewiesen ist, plötzlich loszulassen. Der Gedanke daran bringt mich fast um. Wird Lara es schaffen, sich ordentlich anzuziehen? Ihre Nase zu putzen, die ständig läuft? Was geschieht, wenn sie wieder krank wird? Für Laras Selbstständigkeit aber muss ich meine Ängste überwinden. Andere betroffene Eltern versichern mir, dass diese Wohngemeinschaft für Lara wie ein zweites Zuhause werden wird.

Inzwischen lebt Lara unter der Woche seit zwei Jahren in dieser Gemeinschaft. Sie fühlt sich dort sehr wohl. Sie ist unter Kindern, die alle ein beeinträchtigtes Gehör haben. Ein geschultes Team von Erziehern umsorgt Lara täglich mit viel Liebe. Die Hausaufgaben werden gemeinsam erledigt. Lara braucht dafür viel Zeit und Geduld. Ruhe vor allem, die sie bei uns zu Hause mit drei kleinen Kindern oft nicht hätte. Lara wird in der Wohngemeinschaft gezielt gefördert. Sie bekommt Physiotherapie, um ihren Gang zu verbessern. Ihre Selbständigkeit wird gefördert und ihr Selbstbewusstsein durch psychologische Betreuung gestärkt. Lara wird in diesem Herbst (2009) die dritte Klasse Mittelschule besuchen und wenn Gott will, später eine Haushaltungsschule. Mir liegt sehr am Herzen, dass sich Lara später selber versorgen kann und ein eigenständig wird.

Lara mit Hund Luna

Dies und noch viel mehr wünsche ich meiner Lara. Die ich bewundere für alles das, was sie geschafft hat. Möge Gott sie weiter auf ihrem Weg begleiten, auch wenn sie nie ganz gesund sein wird.

Laras Bruder Mike besucht inzwischen schon die dritte Oberschule. Seine Selbständigkeit, die er schon früh lernen musste, erschreckt mich manchmal. Ich habe das Gefühl, dass er seit Laras Erkrankung nicht mehr mir gehörte. Das tut mir unendlich weh – wenn ich daran denke, wie oft ich ihn alleine lassen musste. Ich kann die Zeit nicht zurückholen, die ich mit ihm verloren habe, aber versuchen, die Zeit, die vor uns liegt, zu nützen. Ich liebe ihn aus ganzem Herzen, und wünsche ihm, dass es ihm gelingen möge, sich mit seinen Erfahrungen als Geschwisterkind zu versöhnen.

Für mich war das Schreiben dieses Buches eine Erleichterung. Ich konnte die Last der Erinnerung abgeben und weinte viele Taschentücher voll. Damit habe ich diese schlimmen Erfahrungen abgeschlossen. Eltern, deren Kinder gestorben sind, sagten manchmal zu mir, dass sie mich nicht beneiden. Denn sie konnten mit dem Tod des Kindes abschließen und ich könne das nie. Ich bin aber froh darüber, dass ich mit Lara diesen Weg gehen durfte, wenn es auch nicht immer leicht war. Gott ließ mir Lara und über dieses Geschenk bin ich jeden Tag froh. Er schenkte mir darüber hinaus noch drei weitere Kinder, die meinen Mann Leo und mich sehr glücklich machen. Wir leben auf einem Bauernhof, umgeben von Bergen. Ich versuche in der Natur Kraft und Zuversicht zu tanken.

Ich habe dieses Buch mit größter Anstrengung beendet. Am 28. Juni 2009 erhielt meine Mutter die Diagnose Brustkrebs. Nun muss auch sie durch diese Hölle. Ich wünsche ihr, dass auch sie soviel Kraft von oben erhält wie Lara. Möge Gott mich davor beschützen, mich fragen zu müssen: Leben um jeden Preis?

Danksagung

Ich habe bei dieser Buchveröffentlichung Gelegenheit, vielen Menschen zu danken.
Mein großer Dank gilt dem Ärzteteam und dem Pflegepersonal der Uniklinik Innsbruck.
Mein Dank gilt auch den pädiatrischen Abteilungen der Krankenhäuser Bozen und Brixen und den Ärzten und Pflegern der kinderonkologischen Abteilung in Bozen, die es ermöglicht haben, die Blutproben und Kontrollvisiten in Bozen zu machen. Damit haben sie uns viele Fahrten nach Innsbruck erspart.
Einen herzlichen Dank an die Fahrer und Pfleger des Krankentransports des Weißen Kreuzes in Meran.
Ich bedanke mich für die finanzielle Unterstützung durch die Kinderkrebshilfen „Peter Pan“ und „Regenbogen“.
Vielen Dank an den Hauspflegedienst vom Sozialdienst Klausen, für die Begleitung beim Schwimmen und bei anderen Freizeitgestaltungen.
Den Kindergärtnerinnen und der Intergrationskindergärtnerin, die sogar zu uns nach Hause kam, um sich mit Lara zu beschäftigen, danke ich von ganzem Herzen.

Ein großer Dank geht an die Volks- und Mittelschullehrerinnen, im Besonderen an die Integrationslehrerinnen, die Lara stets mit großer Geduld betreuen. Ein ganz besonderer Dank geht an Laras Mitschüler in der Volks- und Mittelschule, die sie immer so akzeptiert haben, wie sie ist, und sie nie aus der Klassengemeinschaft ausgeschlossen haben.
Das erfahrene Erzieherteam der Wohngemeinschaft für hörgeschädigte Kinder sorgt dafür, dass Lara ein zweites Zuhause gefunden hat, in dem sie gefördert, unterstützt und geliebt wird. Dafür tausend Dank.
Ich hätte es vermutlich nicht geschafft, mit Lara diesen schweren Weg zu gehen, wenn ich nicht die Unterstützung durch meine Familie, Freunde und Nachbarn gehabt hätte.

Vielen Dank an meine Mutter, die mich tatkräftig unterstützt und zum Weiterkämpfen ermutigt hat. Meinem Vater, der Lara sehr gemocht hat, danke ich für sein Mitleid für sie, † 20.12.2008.
Einen großen Dank all meinen Geschwistern, die mich mit ihren Gedanken und Taten immer sehr unterstützt haben. Besonders meinen Zwillingsschwestern Marion und Sonja für ihre konkrete Hilfe bei der Stammzellentransplantation. Tante Christl, meiner Schwägerin danke ich aus ganzem Herzen für die liebevolle Fürsorge an Lara. Sie besucht sie in Bozen und nimmt somit einen großen Platz in ihrem Herzen ein.

Lara mit ihrer „Toti" Christl

All meinen Freundinnen und Nachbarinnen, auch den Müttern von Mikes Mitschülern, die ich nicht alle namentlich nennen kann, schicke ich meinen tiefsten Dank. Ohne ihre Unterstützung wäre Mikes Betreuung für mich unmöglich gewesen.
Meiner besten Freundin Veronika danke ich aus ganzem Herzen: sie hatte stets ein offenes Ohr für mich und findet immer die richtigen aufbauenden Worte.

Daniel, Laras und Mikes Vater, danke ich dafür, dass wir die großen Entscheidungen über Laras Behandlung gemeinsam treffen konnten und er immer hinter meinen alleinigen Entscheidungen stand. Seinen Eltern danke ich dafür, dass sie trotz unserer Trennung immer für ihre Enkelkinder da sind.
Meiner Schwiegermutter gilt mein Dank dafür, dass sie mir stets den Rücken freihält und unsere drei kleinen Kinder liebevoll umsorgt, auch wenn ich mit Lara zu Untersuchungen fahren muss.
Meinem Mann danke ich für seine Liebe. Durch seine Unbeschwertheit und positive Lebenseinstellung hat er mir unendlich viel Kraft und Halt gegeben. Er hat sich ohne Vorbehalte und Scheu in mich verliebt, obwohl Lara damals schon schwer krank war.

Bei einem Computerkurs, in dem ich das Tippen und Schreiben am Computer für das Buch lernen wollte, erklärte sich meine nette Banknachbarin sofort bereit, das Buch zu tippen. Ihr verdanke ich, dass ich meine Zeit fürs Schreiben und Erinnern verwenden konnte – und sie das Buch für mich in den Computer tippte und nebenbei ganz sanft korrigierte: Mag. Lydia Egger aus Bozen. Ich bin ihr unendlich dankbar dafür.

Kontaktadresse: lydia_petrunder@yahoo.de

Ein Danke an meine Tochter Lara,
dass ich dieses Buch schreiben durfte.

Deine Mammi
Lydia

Nachwort

Vor mir liegt ein Buch, liebe Lydia, in dem du euren Weg durch die Krankheit Laras beschrieben hast. Ein Buch, das bestimmt alle, die es lesen, zutiefst berührt. Besonders aber jene Menschen, die euch kennen und gern haben, so wie ich. Eure Geschichte erzählt von der ersten niederschmetternden Diagnose „Hirntumor" über zahllose schlimme und schlimmste Tage. Es erzählt von Ungewissheit und Angst, von bangem Warten und Zittern. Es erzählt aber auch von Hoffen und Glauben, von Loslassen und Freude. Und es zeigt uns, welch eine große Stärke du und Lara im Kampf gegen den Krebs mobilisiert habt. Ihr musstet euch von einem Tag zum anderen einer heimtückischen zerstörerischen Krankheit stellen. Und von einem Tag zum anderen konntest du für deinen Sohn Mike nur mehr sporadisch da sein. Du musstest Abschied nehmen von einem gesunden kleinen Mädchen, von einem spritzigen hübschen Wirbelwind mit vielen tollen Fähigkeiten und dich einlassen auf einen Weg, dessen Ausgang mehr als ungewiss war. Du aber bist über dich hinausgewachsen. Du hast angenommen, was nicht zu ändern war, aber dort gekämpft, wo du für deine Tochter mehr Gesundheit, mehr Lebensqualität, mehr Integration erwarten konntest. Du hast den Glauben an Gottes Hilfe nie verloren, auch wenn du manchmal vor Erschöpfung und Verzweiflung nicht mehr beten konntest. Ja oft nicht einmal mehr denken.

Als Freundin euren Schmerz, euer Leid miterleben zu müssen war sehr schwer. Aber deine Stärke, dein Mut, dein „Nach vorne Schauen" – immer wieder – war beeindruckend. ***Wie*** du diesen Weg gegangen bist, liebe Lydia, ist bewundernswert und so kann eure Geschichte anderen Menschen in ähnlichen Situationen Zuversicht und Kraft geben.

Lara ist ein tolles Mädchen, ja schon bald eine junge Frau. Du hast sie bis heute auf liebevolle, wohlwollende und aufbauende Weise begleitet. Und so wirst du ihr auch auf ihrem weiteren Lebensweg nahe sein: mit Umsicht, Verständnis und Gelassenheit. Vor allem aber mit deiner Liebe. Dafür möchte ich dir an dieser Stelle, auch im Namen Laras, herzlich danken.

Ich wünsche Lara, dass sie sich mit ihrem Schicksal aussöhnen kann. Dass liebe Menschen sie umgeben. Ich wünsche ihr, euch allen, Gesundheit und Freude.

eure Veronika Prünster Götsch